AF555879

LA NOTE DE SYNTHÈSE, LE RAPPORT AVEC SOLUTIONS OPÉRATIONNELLES

Collection
« Enfance, éducation et société »

Cette collection regroupe des études et essais concernant l'enfance au travers d'approches multiples.

Études universitaires et essais issus du monde de l'éducation ou du secteur du travail social, ces travaux ont en commun la même préoccupation : apporter un éclairage diversifié sur un domaine essentiel de l'univers des sciences humaines.

Dernières parutions

Pierre Bringuier, *Comment motiver ses élèves ? Boîte à idées pédagogiques*, 2022.
Abdulrahman Khallouf et Florent Viguié, *L'islam et la laïcité vus par des lycéens. Questions/réponses entre jeunes, enseignant et poète,* 2022.
Céline Carette et Céline Hasbrouck, *Élèves en situation de polyhandicap*, 2022.
Jean-Claude Martin, *Un engagement en éducation et recherche*, 2022.
Véronique Lemoine-Bresson, *Croyances et savoirs d'enseignants allemands et français*, 2021.
Sylviane Guihard-Lepetit, *Déficience intellectuelle et apprentissage de la lecture*, 2021
Gilles Henry, *Le système français de protection de l'enfance. Entre complexité et incomplétude*, 2021.
Holly Figaro Many, *Pédagogie de résilience*, 2020.
Sébastien Peyrat, *Être Conseiller Principal d'Éducation en banlieue*, 2020.
Sylvie C. Cartier et Jean-Louis Berger (dir.), *Prendre en charge son apprentissage. L'apprentissage autorégulé à la lumière des contextes*, 2020.
Julie Deborde, *Les projets artistiques à l'école. Une voie de remédiation à la grande difficulté scolaire ?,* 2020.
Grégoire Ducroquet, *Toute la misère du monde ? Témoignage d'un enseignant de français langue étrangère,* 2020
Jean-Luc Sochacki, *La scolarité des enfants d'immigrés polonais. Société métallurgique de Normandie & Société des mines de Soumont, 1919-1939,* 2020.
Aziz Jellab, *L'éducation prioritaire en France. Bilan et devenir d'une politique emblématique*, 2020.

Jean Pierre Fewou Ngouloure

La note de synthèse, le rapport avec solutions opérationnelles

Guide et méthode

5-7, rue de l'École-Polytechnique, 75005 Paris

http://www.editions-harmattan.fr

ISBN : 978-2-14-025845-9
EAN : 9782140258459

Introduction

Écrire, d'une manière générale, peut impliquer un cadre privé ou public/officiel. Quand un texte est produit dans une perspective privée, il s'adressera notamment à un proche, une connaissance, ou un individu dans un registre qui peut être familier, affectif, bref non protocolaire. Dans le deuxième cas de figure, qui nous intéresse particulièrement, il s'agit de s'adresser à une personne physique ou morale, une institution ou une organisation, en respectant de façon impérative un ensemble de codes à la fois sur le fond et la forme. Le caractère officiel d'un écrit s'illustre fondamentalement par sa dimension objective, neutre, le choix scrupuleux et rigoureux des mots et d'une certaine norme, une véritable stratégie argumentative où primeront le raisonnement méthodique, la démonstration logique, etc. Même quand il s'agit d'évoquer une certaine opinion ou vision à caractère « personnel », celle-ci doit faire l'objet d'une certaine rigueur. La rédaction de la note de synthèse et/ou du rapport avec solutions opérationnelles, qui participe de cette dynamique exigeante, implique de respecter effectivement les règles formelles et les consignes de fond qui sont d'ailleurs clairement exposées dans diverses notes de cadrage, en fonction des types de concours et/ou d'examens officiels des différentes fonctions publiques (d'État, hospitalière et territoriale).

Cet opuscule est l'occasion de revenir sur les points clés à maîtriser de façon impérative pour être au fait de la bonne pratique méthodologique et méthodique. Les pistes explorées, en guise de méthodologie, sont accompagnées d'exemples concrets, issus des épreuves officielles.

Mieux, il propose une méthode nouvelle d'amorce de plan qui puise sa source dans le modèle de Lasswell (qui, quoi, où, quand, comment, combien, pourquoi). Le métaplan, qui constitue d'une certaine manière le socle structurant de ce livre, a ainsi vocation à permettre une meilleure approche des sujets en rendant possible un gain de temps conséquent et une planification optimale. Bien plus, en matière de conduite de projet, il se veut plus précis dans les étapes à formaliser en donnant des éléments pertinents qui sous-tendent sa pleine réalisation. Cette nouvelle méthode propose aussi de précieuses astuces pour un facile repérage des mots & idées clés du dossier, ce qui permet de baliser très rapidement les premières pistes en termes d'orientation à donner à la commande, et ce sur la seule base des premières lectures transversales des documents issus du dossier.

Outre les candidats aux différentes épreuves officielles, le public issu du monde académique, des personnes qui souhaitent améliorer leur pratique professionnelle dans la rédaction administrative en général, les formateurs en quête de nouvelles stratégies pour accompagner divers publics, les responsables de projets trouveront certainement leurs intérêts dans cet opuscule.

Les principaux types d'écrits professionnels

Il existe plusieurs types d'écrits professionnels. La note de synthèse et le rapport avec propositions opérationnelles en font partie. Du reste, le cadre est bien celui de la rédaction administrative qui exige un ensemble de démarches appropriées à suivre et à respecter de façon scrupuleuse.

La note de service

La note de service est un écrit très court pour communiquer des informations précises entre services ou à l'intérieur d'un service. On parle aussi de note d'instruction. La note de service a pour but de donner des consignes explicites, de décrire une procédure indiquée, de faire respecter une injonction particulière, etc. Elle est destinée à établir une communication généralement descendante (de la hiérarchie vers les sphères inférieures). Dans sa forme, elle est relativement semblable à une lettre administrative mais ne comporte ni formule d'appel, ni de politesse. Elle est légèrement différente de la note d'information (plus portée vers le renseignement et la communication d'un avis), de par son caractère coercitif, voire obligatoire.

Le procès-verbal

Le procès-verbal est un acte authentique établi par des personnes habilitées ou dûment mandatées. Sa contestation ne peut être faite que par une procédure d'inscription de faux. Par extension, le procès-verbal de réunion est un acte singulier qui fait écho aux principaux points examinés dans le cadre d'une rencontre et de diverses décisions qui ont été prises au cours de l'assise. Il est signé et fait autorité.

Le compte rendu

Le principe d'un compte rendu est assez simple : laisser une trace écrite pour les participants absents ou présents lors d'une réunion, ou d'une rencontre quelconque. Dans la rédaction d'un compte rendu, les pronoms personnels « je » et « nous » sont à bannir car le rédacteur ne s'exprime jamais en son nom. La voix passive est la technique la plus souvent employée, pour plus d'efficacité informationnelle. Le compte rendu doit retranscrire avec neutralité, objectivité et fidélité les propos pris en note au cours d'une assise. Une introduction et une conclusion sont nécessaires. Dans la mesure où le compte rendu s'adresse à un destinataire précis qui attend des réponses claires, le rédacteur doit les lui fournir amplement et le plan doit être élaboré en conséquence.

Par ailleurs, le compte rendu obéit aux règles générales de la composition française, c'est-à-dire une meilleure structuration d'ensemble : phrases correctes, exactes, et de construction simple. De même, les règles d'orthographe et de ponctuation doivent être rigoureusement respectées.

Il faut également souligner que le rédacteur du compte rendu doit retranscrire fidèlement ce qui a été dit ou écrit et faire preuve dans la mesure du possible d'exhaustivité. Il n'a pas à déformer les propos d'un tiers participant, même si ceux-ci sont erronés. C'est pourquoi même s'il lui arrive de reprendre des phrases ou morceaux de phrases, il le précisera par l'emploi de guillemets précédés du nom de la personne qui aura exposé une pensée personnelle.

Le courriel

Le courriel, ou mail, est un message écrit envoyé par un destinateur à un ou plusieurs destinataires par voie électronique. Il doit respecter un certain nombre d'exigences propres aux écrits administratifs, lorsqu'il revêt un caractère officiel. Un courriel doit comporter à ce titre un objet, des formules d'appel, de politesse ou de courtoisie, souvent influencées par le type de rapports qui existent entre le destinateur et le destinataire de ladite correspondance. Il faut ajouter qu'il est possible de signer à la fin un mail de son nom, sa fonction et son grade, parfois en ayant recours aux mécanismes techniques qu'offre l'écosystème informatique.

Le résumé

En règle générale, un résumé permet de réduire un texte et d'en conserver approximativement le dixième, avec une marge de 10 à 15 % en plus ou en moins qui est tolérée. Pour qu'un résumé soit efficient, il faut omettre de relever toutes informations inutiles comme les références et les allusions. Il faut également éviter d'avoir recours au style télégraphique, à l'emploi des parenthèses, des abréviations.

Par ailleurs, le résumé ne doit pas être prétexte à la paraphrase du document original. De même, faire le choix de résumer les paragraphes les uns après les autres peut être de très mauvais effet même si l'ordre d'apparition des idées doit obéir à une structuration identique par rapport au support de base.

Du reste, il s'agit de bien articuler les idées du texte original sans les juxtaposer de façon maladroite. Le but est de dire l'essentiel de la pensée d'un auteur donné. L'objectif est donc de retranscrire fidèlement les phrases d'un écrit initial, de noter scrupuleusement les paroles d'un tiers, sans faire intervenir ses réflexions personnelles. Il importe dès lors de prélever dans le discours ou le texte d'un auteur les phrases les plus importantes, significatives et d'en faire l'économie substantielle, sans porter comme dit dans les lignes précédentes de jugement personnel. Le recours au moindre commentaire est proscrit dans un résumé. Il faut dire par ailleurs que si le résumé a pour but de rendre un texte plus facile à appréhender, il n'est pas forcément un exercice d'explication de texte, loin s'en faut. Il faut mentionner enfin que les seuls exemples à mentionner dans un résumé doivent être les mêmes que ceux utilisés dans le texte de base. Mais, dans la mesure du possible, il importe même d'éviter de les reprendre pour ne pas alourdir inutilement le contenu produit.

La synthèse

Contrairement au résumé, faire une synthèse ne nécessite pas forcément de respecter la structuration du document original, notamment en termes d'ordre d'apparition des idées. Pas besoin de dire « je » ou « nous » dans cet exercice pour rester fidèle au style adopté par un auteur donné. On peut faire le choix d'une énonciation impersonnelle tout comme il est possible de basculer d'un style populaire ou standard à une forme plus soutenue. Une bonne synthèse exige surtout concision, précision, cohésion des idées et pertinence de leur vue d'ensemble.

La note administrative

La note administrative est un document interne à une administration souvent utilisé dans un processus de décision (par exemple informer un supérieur hiérarchique sur un sujet précis ou lui formuler des propositions dans le cadre d'un processus décisionnel).

D'une certaine manière, si la note administrative est proche de la note de synthèse, celle-ci apparaît cependant plus « générale », « ouverte » que la note administrative qui se veut plus « ciblée ». Ainsi sa finalité et son contenu visent une application professionnelle conforme aux exigences prescrites. C'est pourquoi ses termes peuvent paraître plus « techniques » que ceux de la note de synthèse. Pour réussir une note administrative, la maîtrise du domaine administratif choisi est donc un impératif catégorique en termes de choix de vocabulaire (il y a nécessité d'avoir une culture juridique et administrative minimale : maîtrise de la hiérarchie des normes, connaissance de l'organisation administrative des diverses institutions et organisations). En tout état de cause, une bonne culture générale n'est pas suffisante pour réussir la pratique ; il faut encore avoir une connaissance fine des aspects financiers, sociaux, etc., par rapport à chaque sujet abordé. En clair, la note administrative, à vocation plus technique et mobilisant une terminologie plus pointue, exige un savoir-faire plus que la mise en branle d'un savoir.

L'environnement général qui sous-tend la rédaction d'une note ou d'un rapport avec solutions opérationnelles

L'importance de la note de cadrage

Pour de nombreux concours et examens officiels, il existe un support de référence appelé note de cadrage. Tous les candidats aux concours et examens officiels doivent lire ce précieux document pour mieux s'imprégner des consignes et conseils liés à l'épreuve à présenter. Les notes de cadrage sont souvent élaborées de façon collégiale par des acteurs divers : les centres de gestion, les formateurs et responsables de la fonction publique, etc. Il importe néanmoins de préciser que les notes de cadrage ne comportent pas de programmes règlementaires. Elles s'appuient plus sur un ensemble de recommandations qui n'ont pas forcément un caractère coercitif.

Mieux appréhender les exigences d'une note de synthèse

Nous entrons véritablement ici dans le vif du sujet en abordant la délicate question de la note de synthèse, que beaucoup considèrent généralement à tort comme une simple « synthèse ». D'ailleurs, dans le cadre des concours et examens officiels, la plupart des candidats font de simples synthèses, en juxtaposant les idées les unes les autres, en optant pour le style télégraphique avec listes à puces, en proposant une rédaction « catalogue », sorte d'inventaire à la Prévert, passant ainsi à côté du sujet, avec des conséquences rédhibitoires.

Mon propos est d'expliquer de façon simple ce que l'on entend véritablement par une note de synthèse et quelles sont les étapes clés pour réussir cet exercice assez particulier, notamment dans un cadre officiel.

Pour ce faire, je commencerai par énoncer ce qu'une note de synthèse n'est pas, au regard des difficultés, nombreuses, qu'éprouvent les uns et les autres pour l'appréhender de façon efficiente.

<u>La note de synthèse n'est pas un résumé de texte</u> ni un copier-coller des idées contenues dans les divers documents qui composent un dossier. Il ne s'agit pas non plus de miser sur le trop plein d'idées. En clair, pas question de juxtaposer les idées les unes les autres, parfois dans un souci erroné d'exhaustivité.

<u>La note de synthèse n'est pas un « courriel » officiel</u>. Les formules trop personnalisantes où le rédacteur instaure une sorte de relation directe avec le commanditaire sont à bannir, surtout dans l'introduction. Dans de nombreuses copies, en effet, les candidats prennent l'habitude de transformer une note en une forme de correspondance déguisée : « je vous écris pour attirer votre attention sur tel problème » ; « je reste à votre disposition pour tout complément d'information », « je vous prie de croire, Madame/Monsieur… en l'assurance de mes respectueuses salutations », etc. Ces formules épistolaires n'ont pas lieu d'être, c'est la raison pour laquelle le style impersonnel est mieux indiqué pour répondre de façon appropriée à une commande. Comme il est d'ailleurs rappelé dans la note de cadrage, le style doit être « neutre » d'autant plus que, comme disait Pascal, le moi est « haïssable ».

En revanche, quand il s'agit d'une note ou d'un rapport avec solutions opérationnelles, il peut être possible, dans la partie conduite de projet, c'est-à-dire la deuxième partie, d'avoir recours à un « je » pour s'adresser au commanditaire. Le recours à ce pronom personnel est souvent indiqué quand il est notamment question de proposer votre expertise dans le cadre de l'implémentation d'un dispositif spécifique en tant que « chef de projet » ou personne ressource directement impliquée dans le projet. Sa fonction est alors de vous permettre d'assumer vos pleines responsabilités sans recours aux artifices d'un « nous », plutôt à caractère généralisant.

La note de synthèse n'est pas un compte rendu

Un compte rendu est purement informatif. Il ne donne aucune orientation ni n'indique aucune direction sur la marche à suivre par rapport aux divers sujets qui ont été abordés au cours d'une rencontre. Tel n'est pas le cas pour une note de synthèse qui doit intégrer la dimension argumentative. Argumenter, c'est chercher à persuader et/ou à convaincre, autrement dit, il s'agit d'une démarche qui vise à faire changer le comportement d'un tiers, à lui faire adopter une posture ou une orientation qu'il n'avait pas avant, ce qui suppose de mettre en œuvre un ensemble de techniques sur lesquelles je reviendrai amplement plus tard.

La note de synthèse n'est pas une simple synthèse

Dire qu'une note de synthèse n'est pas une simple synthèse peut paraître anecdotique. Pourtant il s'agit d'une réalité inébranlable. Réduire une note de synthèse à un pâle exercice synthétique des idées issues des documents qui constituent un dossier est loin de ce qui est exigé, surtout dans le cadre d'un concours ou d'un examen officiel. Il y a certes dans l'esprit et la lettre de l'épreuve l'exigence significative de se limiter au strict essentiel, d'être concis et précis, mais sont attendus six grands principes clés pour transformer une simple synthèse en véritable note de synthèse. Je vais présenter ces six principes cruciaux en deux phases : l'une porte sur l'aspect préparatoire ; l'autre sous-tend le cadre rédactionnel proprement dit.

Les 6 grands principes de la note ou du rapport avec solutions opérationnelles

Pour réussir une note de synthèse ou un rapport avec solutions opérationnelles, un travail sur la forme et le fond est indispensable. Il s'agit de façon synthétique de partir du global au local, du général au particulier, du cadre législatif au registre réglementaire, etc.

Les impératifs fondateurs d'une note ou d'un rapport portent sur 6 axes prioritaires :

Le repérage des informations du dossier

L'objectif ici est de s'intéresser en l'occurrence aux titres, sous-titres, graphiques, tableaux, légendes, données chiffrées, statistiques, informations surlignées, soulignées, éléments en gras, etc., qui constituent un dossier. Ce repérage liminaire n'est aucunement synonyme de lecture, qui peut paraître « chronophage ». Pire, une lecture de dossier sans repérage initial des idées clés peut pousser à amasser plus d'informations possibles certes, mais avec le grand danger de tomber dans le piège de la boulimie informationnelle. Résultat, le caractère télégraphique d'une rédaction est souvent lié à la surabondance informationnelle résultant de la volonté inappropriée de lire tous les documents au prétexte d'avoir « peur » de passer à côté de l'essentiel.

La sélection des informations repérées

Les candidats aux épreuves officielles doivent bien comprendre que sans effort de sélection des informations identifiées, ils vont vers l'échec. Sélectionner une information, c'est séparer l'essentiel de l'accessoire, le capital de l'élémentaire, l'indispensable du dérisoire, le déterminant du marginal, etc. Si *a priori* toutes les informations sont « importantes », point n'est question en revanche de chercher à les relever et les exploiter de façon exhaustive. La tâche à effectuer est justement de prioriser ce qui paraît à vos yeux déterminant, sans chercher à vouloir convaincre à tout prix et à tous les prix que tout est bon à valoriser dans le dossier. Cette tentative maladroite est souvent perceptible à travers certaines formules cavalières telles « tous les moyens seront mobilisés pour résoudre tel problème » alors qu'il s'agit par exemple de dire en référence à cet élément précis « les moyens disponibles seront mobilisés pour résoudre tel problème ».

Le travail de reformulation des informations retenues

La reformulation est un exercice qui consiste à redire une pensée, un propos, de façon claire, sans aucune dénaturation. C'est ainsi avoir le sens de la formule, et le piège à éviter reste le copier-coller ou la paraphrase, autrement dit le fait de singer un style, d'avoir recours au même vocabulaire, voire à la même syntaxe, par rapport à un texte de base. À titre de rappel, la note de synthèse vise à s'approprier les paroles de l'autre et à rendre compte généralement à un supérieur hiérarchique.

Reformuler est un critère incontournable dont il faut absolument tenir compte pour réussir sa note de synthèse. Il permet notamment de ne pas tomber dans le piège du copier-coller, de la paraphrase. Il existe plusieurs techniques de reformulation pour faire preuve d'originalité et d'audace stylistique.

La recherche des synonymes

La reformulation la plus simple consiste à changer ou varier de mots en trouvant un équivalent en termes de synonyme. Il faut dire néanmoins qu'un synonyme parfait est toujours difficile à trouver ; il s'agit donc de chercher davantage des équivalents plus proches du sens du mot à permuter. On parlera dans ce cas des parasynonymes. Si je prends l'exemple du mot « projet », très utilisé par les candidats, on peut avoir de nombreux équivalents : ébauche, ambition, étude, but, canevas, dessein, entreprise, espoir, esquisse, idée, intention, plan, planning, programme, proposition, schéma, suggestion, théorie. Deuxième cas de figure avec le mot « travail », on peut avoir pour équivalent :

prérogatives, métier, tâche, rôle, emploi, profession, charge, etc. Troisième cas de figure avec « fonctionnaire » : agent, employé, commis de l'État, auxiliaire de l'administration, émissaire public, etc. Dernier exemple pour cette technique avec le mot « réforme » : possible d'avoir en termes de substitut les termes amélioration, amendement, évolution, changement, correction, dépoussiérage, nouveauté, rénovation, révision, etc.

Bref, comme on peut le remarquer au travers de ces différents exemples, le choix d'un synonyme va dépendre largement du contexte. Comment améliorer en clair son vocabulaire ? Je conseille de se servir du dictionnaire des synonymes pour trouver l'équivalent des mots et expressions qu'on a l'habitude d'utiliser. Voici d'ailleurs le lien de l'un des dictionnaires en ligne les plus intéressants : http://www.synonymo.fr/.

La reformulation inverse

La reformulation inverse est une technique qui permet d'alterner entre forme affirmative et négative d'une phrase tout en conservant son sens originel. Ex : « l'état des finances de la ville <u>est</u> peu reluisant » devient « l'état des finances de la ville <u>n'est pas</u> au beau fixe » ; « les agents municipaux ne connaissent pas toujours leurs droits » se reformule comme suit « les agents municipaux ignorent leurs droits » ; « les plus fragiles sont les grands perdants de la nouvelle réforme du travail » a pour équivalent « la nouvelle réforme du travail n'a pas bénéficié aux plus fragiles ».

Le recours au champ lexical

Le champ lexical est plus étendu que le cadre dévolu au synonyme. C'est l'ensemble des mots qui couvrent un domaine précis. Si on prend l'exemple de « municipalité », le synonyme peut être « collectivité » mais si l'on veut aller plus loin, en mobilisant le champ lexical, on pourrait parler de « pouvoirs publics », «d'institutions », « d'administration ». Il peut même être possible d'ajouter les termes tels « bureaucratie », « intendance », « management », « police », etc.

Le recours aux figures de style ou aux images

La reformulation peut aussi permettre de faire appel aux images pour exprimer une idée. Il s'agit d'utiliser des figures de style : « l'adoption d'une réforme » peut ainsi être reformulée comme « la lueur d'espoir » qui va transformer le « visage » d'une commune X. De même, une « lenteur » administrative pourrait être l'équivalent de « vice », qui « mine » le service public. Aussi on pourra associer « intercommunalité» à une sorte de « lueur d'espoir », dans la dynamique de la « modernisation administrative », tout comme « l'absentéisme » des fonctionnaires peut être reformulé comme étant « un mal sociétal » à bannir par des lois et des réglementations fortes.

Si l'utilisation des telles images est possible, il est néanmoins conseillé de faire très attention à toute forme de subjectivité et d'exagération et d'être beaucoup plus parcimonieux et mesuré dans l'évocation de ces formes imagées.

La recherche des mots de la même famille

Les mots de la même famille sont des mots qui ont une même racine, un même radical, bref une même origine ou étymologie. Exemple : « municipal, municipalité » ; « commune, communal » ; « territoire, territorialité » ; « élu, élection, électif, élire ». Pour ce dernier cas, notamment, un élu serait l'équivalent d'une personne détentrice d'un mandat électif.

Dans ce registre, un verbe peut ainsi prendre une forme adjectivale, adverbiale, pronominale. Ex: réguler le flux des voitures est nécessaire = la régulation des voitures est une nécessité ; du point de vue administratif, cet agent est dans ses droits = administrativement, cet agent est dans ses droits ; un cadre réglementaire clair = réglementairement, tout est clair.

Le recours aux pronoms

Le recours aux pronoms repose sur trois possibilités, en matière de reformulation :

- Le pronom personnel : la commune de Toulouse est très vaste→ Elle regorge de nombreux atouts.
- Le pronom démonstratif : La ville de Paris est très belle → Celle-ci est en effet très prisée par les touristes.

Il faut noter au passage que le pronom démonstratif peut simplement être remplacé par un groupe nominal correspondant. Ex : La ville de Paris est très belle → Cette dernière est en effet très prisée par les touristes.

- Le pronom possessif : Il a encore toutes ses économies intactes→ Les miennes ont été toutes dilapidées.

Le remplacement du passif par l'actif, et réciproquement

C'est une technique de reformulation qui permet d'éviter de répéter le même style d'écriture en passant de la voie passive à la forme active et réciproquement : « la réalité a été perçue différemment par les spécialistes de la question » → « les spécialistes ont perçu différemment la réalité ».

L'indexation sémantique

L'indexation sémantique consiste simplement à donner une orientation spécifique à un terme en tenant compte de son contexte sémantique. Le mot « pauvreté » peut être à titre d'exemple reformulé comme étant une « situation inquiétante» ; le bien-être en tant que « circonstance favorable » ; l'accueil comme une sorte de « mission d'intérêt public », une bibliothèque comme un « haut lieu de culture ».

Après cet arrêt sur la première phase de la note de synthèse, je passe maintenant à l'ultime étape mentionnée.

La hiérarchisation des informations lors de la rédaction finale

La rédaction d'une note de synthèse ou du rapport avec solutions opérationnelles obéit significativement à la technique rédactionnelle de la « pyramide inversée ». En d'autres termes, les informations doivent être présentées de telle sorte que les plus importantes, essentielles, capitales, cruciales, utiles, efficientes, primordiales, urgentes, etc., apparaissent bien avant. Présenter notamment deux informations en les mettant sur le même diapason sera considéré comme inapproprié. Il faut toujours qu'elles soient révélées dans une dynamique hiérarchique avec des échelles de grandeur qui peuvent avoir une nature temporelle (à court, moyen & long terme), énonciative (d'abord, ensuite, enfin), etc.

L'effort soutenu de valorisation des informations validées

Contrairement aux idées préconçues, valoriser une information dans le cadre d'une note de synthèse n'est aucunement faire preuve d'une prise de position ou d'une certaine subjectivité. La crainte de mal faire porte notamment sur le risque d'une prise de position alors qu'on doit se limiter clairement aux seuls arguments issus des documents qui constituent le fond du dossier. Or il s'agit bien clairement de s'appuyer sur un exemple précis tiré d'un document pour illustrer ses dires. En l'occurrence, défendre l'idée que la « loi de 1905 sur la laïcité va dans « le bon sens » au lieu de faire uniquement mention de « la loi de 1905 sur la laïcité » sans prendre le moindre risque d'un développement adapté, c'est être capable de pointer l'élément précis de ce texte juridique qui le prouve de façon claire et nette. Il n'est absolument pas question de faire le choix d'une affirmation gratuite sans aucune preuve palpable. Par rapport à ce cas de figure, rien n'empêche de formuler d'autres types d'idées telles « la loi de 1905 sur la laïcité semble aujourd'hui dépassée au regard de nouveaux défis actuels sur le vivre ensemble » ; « la « loi de 1905 sur la laïcité demeure intéressante en dépit de son caractère pour le moins anachronique ». J'ajoute que le choix des documents procède aussi d'une certaine manière de cette valorisation nécessaire. Dit autrement, si un document est délaissé dans le cadre d'une note, ce choix peut aussi vouloir dire qu'il n'a pas été valorisé par rapport à la problématique privilégiée, même si comme il est dit dans la note de cadrage, tous les documents d'un dossier sont « importants » *a priori*.

Avant de mieux préciser encore le cadre qui sous-tend la valorisation de l'information, je vous présente la figure ci-dessous :

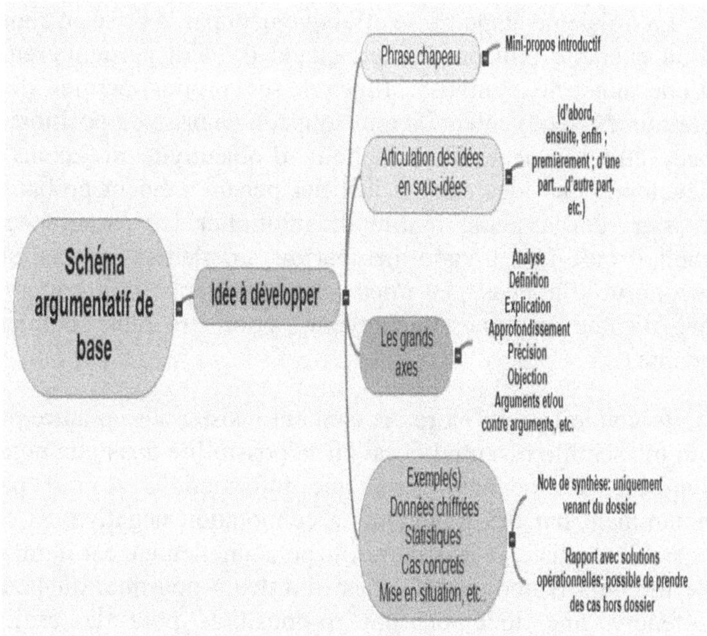

Ce schéma est en réalité la structure complète d'un paragraphe. La rédaction de celui-ci passe notamment par trois étapes déterminantes :

La première consiste à formuler une phrase chapeau ou une idée phare qui fera l'objet d'un développement conséquent.

La deuxième vise à la fois à articuler l'idée retenue en deux ou trois sous axes de développement avec un recours effectif aux connecteurs logiques. La suite nous situe au cœur de la valorisation de l'information qui peut porter sur l'un des points ci-après : la définition, l'analyse, l'explication, la mise en évidence des arguments pour ou éventuellement contre, mentionnés dans les documents issus du dossier. Bref valoriser une information, c'est lui donner plus de consistance et élargir les champs du possible pour mieux favoriser son intelligibilité et permettre la meilleure saisie de sa véritable valeur opérationnelle et pratique. C'est d'ailleurs un moyen efficient pour éviter toute présentation télégraphique.

La troisième étape passe effectivement par la prise en compte d'un exemple issu du dossier, quand il s'agit particulièrement d'une note de synthèse. Illustrer ses propos permet de se prémunir effectivement de tout soupçon de prise de position. On peut être reproché d'un manque d'objectivité si jamais on développe une idée sans la justifier par un élément probant du dossier. Par ailleurs, inutile de multiplier les paragraphes à souhait qu'on va transformer parfois simplement en une suite incongrue d'alinéas. Au mieux, un paragraphe doit comporter une dizaine de lignes en moyenne pour être plus complet et adapté.

Je voudrais pour clore cet élément insister sur un autre point qui me semble essentiel, à savoir la possibilité dans une note de synthèse de « dévaloriser » une information, ce qui passe notamment par des jugements à connotation négative. Si cette possibilité existe, je la déconseille personnellement car il importe de toujours rester positif. C'est d'ailleurs pourquoi au lieu de défendre une idée ou une proposition pour la critiquer sévèrement par la suite, il est toujours de bon ton, quand ce choix spécifique s'avère nécessaire, de montrer plutôt ses limites, insuffisances, points faibles ou de vigilance, les axes d'amélioration, etc. En clair, quand on rédige une note ou un rapport, il faut éviter dans la mesure du possible d'être dans le déni, la négation, l'antithèse stérile.

L'impératif de donner une orientation claire et précise aux informations moissonnées

L'ultime exigence d'une note de synthèse dans la phase rédactionnelle c'est d'être en mesure d'orienter le commanditaire dans sa prise de décision. La note ou le rapport doit constituer une sorte de boussole. Même quand il s'agit d'une simple note de synthèse, celle-ci ne reste pas moins un précieux outil d'aide à la prise de décision. En lisant une note ou un rapport, le commanditaire doit être en mesure d'être influencé positivement dans ses choix décisionnels.

En tout état de cause, l'orientation d'une information est conditionnée par les phases hiérarchisation et valorisation. Si ces deux phases cruciales sont escamotées, il ne sera plus possible de réussir cette ultime étape. L'orientation d'une information, particulièrement dans le cadre d'une note de synthèse sans la partie conduite de projet, ne relève pas d'un choix personnel mais il s'agit en toute logique de faire un tri optimisé, une meilleure sélection des idées du dossier tout en reposant son argumentaire sur des éléments objectifs et précis issus des documents.

Un travail de sélection efficiente des données est crucial pour atteindre le but visé. C'est donc une erreur de vouloir tout restituer comme déjà précisé dans les lignes précédentes en voulant tenir compte de toutes les informations disponibles. Même s'il est plus accommodant de donner des vraies pistes d'orientation lorsqu'il s'agit de rédiger un rapport avec solutions opérationnelles, une note donne tout aussi l'opportunité d'y arriver de façon aisée. Une fois encore, j'insiste sur l'idée que faire une simple synthèse n'aide pas beaucoup un commanditaire à voir plus clair par rapport à une problématique à laquelle il souhaite avoir des orientations nettes.

Dire en guise d'illustration qu'une loi va « dans le bon sens » présuppose pour le commanditaire qu'il n'y a pas d'urgence de l'amender. De même évoquer l'idée d'un cadre réglementaire « flou » impose de rester vigilant quant aux erreurs d'interprétation que sa mise en application pourrait engendrer.

Pour récapituler l'ensemble des points évoqués dans les lignes ci-dessus le document 9 de cette épreuve officielle servira de point focal. Mais avant d'y arriver, je rappelle la commande :

RÉDACTEUR TERRITORIAL PRINCIPAL DE 2ème CLASSE CONCOURS EXTERNE, CONCOURS INTERNE ET TROISIÈME CONCOURS SESSION 2017

Sujet :

Rédacteur territorial principal de 2ème classe, vous êtes secrétaire général de la commune de Joly-Bourg (1 800 habitants). La commune de Joly-Bourg et ses deux communes limitrophes, Petit-Bourg et Bourg-Charmant, font partie de la communauté de communes de Beauvallon (12 communes, 18 500 habitants). Les maires de ces trois communes ont exprimé le souhait de fusionner leurs communes et de créer ainsi une commune nouvelle.

Dans un premier temps, votre maire vous demande de rédiger à son attention, exclusivement à l'aide des documents joints, un rapport sur les communes nouvelles. 10 points

Dans un deuxième temps, il vous demande d'établir des propositions opérationnelles pour la création de la commune nouvelle regroupant Joly-Bourg, Petit-Bourg et Bourg-Charmant. 10 points

Liste des documents :

Document 1 : « Communes nouvelles : cinq points qui font encore hésiter les acteurs » (extrait) – *La Gazette des communes* – 23 novembre 2016 – 3 pages

Document 2 : « Communes nouvelles : impacts sur les personnels » (extrait) – *Association des Maires de France* et *fncdg* – Novembre 2016 – 4 pages

Document 3 : « Bienvenue – Clap de fin et demain… » – *Projet Commune Nouvelle du Pays Valletais – projetcommunenouvelle44.wordpress.com* – Site consulté en avril 2016 – 1 page

Document 4 : « Les maires doivent apprendre à gérer le succès des communes nouvelles »– *Association des Maires de France – Maire info* – 3 mars 2017 – 2 pages

Document 5 : « Les noms des communes nouvelles, un sujet hautement sensible » – *La Gazette des communes* – 12 janvier 2017 – 2 pages

Document 6 : « La commune nouvelle, pensons-la ensemble » – Questionnaire de consultation de la population d'Annecy, Annecy-le-Vieux, Cran-Gevrier, Meythet, Pringy, Seynod – *lacommunenouvelle.fr* – Mai 2016 – 2 pages

Document 7 : « Communes nouvelles : savoir éviter les écueils quand on se lance » – *La Gazette des communes* – 4 juillet 2016 – 2 pages

Document 8 : « Les communes nouvelles » (extraits de diaporamas) – *Association des Maires de France* – Mars 2017 – 5 pages

Document 9 : « Commune nouvelle : "Au moins, on aura essayé" dit Christian Noir » – *leprogres.fr* – 2 août 2015 – 1 page

www.leprogres.fr – 2 août 2015

Commune nouvelle : « Au moins, on aura essayé » dit Christian Noir

Politique. Les communes de l'ancienne communauté de communes du premier plateau et celles qui sont limitrophes ne sont pas parvenues à un accord pour la création d'une éventuelle commune nouvelle. Alors que, pour certaines communes, elle signifierait une augmentation des taux de fiscalité, d'autres redoutent un projet « trop précipité ».

Jeudi soir, les élus du premier plateau et des communes limitrophes étaient invités pour une troisième réunion d'informations sur les communes nouvelles par Christian Noir, maire de Grangessur-Baume, et Daniel Segut, maire de Crançot.

La charte de l'éventuelle commune nouvelle, son périmètre et la fiscalité étaient à l'ordre du jour.

À titre d'exemple, les mairies avaient reçu la charte établie par la commune nouvelle de Baugé-en-Anjou.

Des communes défavorables sont au centre du projet

Daniel Segut a présenté les taux de fiscalité de chaque commune. Il a proposé une simulation du lissage des taux pour la commune nouvelle, soit 7,17 % pour la taxe d'habitation, 13,27 % pour le foncier bâti et 31,674 % pour le foncier non bâti. Pour certaines communes, les taux seraient à la baisse. Mais ils seraient en augmentation pour Vevy et Briod de près de 50 %.

La carte du périmètre se rapprocherait de la communauté de communes du premier plateau, aujourd'hui dissoute.

Un réel désaccord existe entre les communes qui avaient choisi de rejoindre l'Espace communautaire Lons agglomération et celles qui ont rejoint la communauté de communes des Coteaux de la Haute Seille (CCCHS). Car ces communes devront désormais faire partie d'une même communauté de communes. Et la CCCHS devra retrouver de nouvelles adhésions pour la fusion des communautés de communes. Une commune nouvelle serait donc la bienvenue.

Ce qu'en pensent les communes

Plusieurs communes ont déjà pris une décision ou une tendance dans leur conseil municipal et en ont fait part.

Les communes de Crançot, Granges-sur-Baume, Publy, Revigny et Verges seraient plutôt favorables. Briod n'est pas fermé, mais émet beaucoup de réserves.

Baume-les-Messieurs, La Marre, Mirebel et Vevy ont émis un avis défavorable : « Le gouvernement nous incite à une fusion pour une stabilisation des dotations globales de fonctionnement (DGF) de l'État pour 3 ans si la commune nouvelle est créée avant janvier 2016. La DGF baissera de 30 % d'ici 2017 si la commune nouvelle n'est pas créée. C'est vraiment trop précipité, affirment unanimement toutes ces communes. « On sait ce qu'on a à gagner mais pas ce que l'on a à perdre.

Il nous faut quelque chose de cohérent, des projets. »

Pour appliquer de façon concrète les points théoriques énoncés dans les lignes précédentes, le premier réflexe consiste à repérer, sélectionner et reformuler les informations du document. Il en découle quelques pistes intéressantes :

-Des institutions issues du pouvoir central : « État », « gouvernement » ;

-Des institutions relevant du pouvoir local, décentralisé (collectivités territoriales) : « communes », « mairies », « communes nouvelles ». Bon à savoir, la création d'une commune nouvelle peut être de l'initiative des deux tiers des conseils municipaux des communes d'un même établissement public de coopération intercommunale ou EPCI ;

-Des acteurs institutionnels : « maires », « autres élus » ;

-Des outils ou ressources spécifiques : « la charte ».

Je passe à présent à la phase de hiérarchisation, de valorisation et d'orientation, ce qui me permettra de mettre en branle le schéma argumentatif.

Au préalable, il est question ici de la création d'une commune nouvelle, avec à l'évidence deux camps opposés : celui du oui et celui du non. D'un certain point de vue, le camp favorable est plus important. En ce qui concerne la structuration des idées, en respectant une certaine hiérarchie « républicaine », elle peut se faire selon la logique suivante : l'évocation d'abord de « l'État », ensuite du « gouvernement » et enfin des « collectivités territoriales ».

Par ailleurs, l'articulation du schéma argumentatif consiste à signifier et montrer la difficulté évidente de créer une commune nouvelle malgré les bonnes intentions. Deux principaux axes de développement permettent ainsi d'approfondir les choses et d'alimenter la réflexion. D'une part, il y a un risque financier réel, avec la hausse probable du taux de la fiscalité. Le cas de Vevy et Briod serait même alarmant, avec une augmentation significative avoisinant les 50 %. Toutefois, les simulations effectuées montreraient *a contrario* dans certaines communes une baisse fiscale opportune, ce qui dénote une situation spécifique, voire paradoxale.

D'autre part, la difficulté évoquée serait liée à une absence notable de préparation, qui pourrait s'apparenter à de l'improvisation et engendrer au passage des situations hors de contrôle. Pour valoriser l'idée privilégiée au sujet de la création d'une commune nouvelle, la perspective est donc d'adopter une posture explicative pour mieux aiguiller le commanditaire sur la position et les arguments des uns et des autres.

Pour finir, l'orientation du commanditaire consiste à mettre effectivement l'accent sur l'intérêt vital d'encourager la création d'une commune nouvelle entrevue comme « une réelle opportunité pour garantir la vitalité territoriale, tout en soulignant néanmoins qu'il s'agit d'un processus semé de nombreuses embûches ».

Bref, il est nécessaire de passer impérativement par cette ultime étape d'orientation de l'information car si l'on reprend la première phase de la commande, il s'agit de rédiger « un rapport sur les communes nouvelles ». Si jamais, les candidats font le choix de présenter les « avantages » et les « écueils » liés à sa mise en place, ils risquent simplement de proposer un travail de « synthèse » mais non de « note de synthèse ». Il est en ce sens impératif de faire clairement pencher la balance vers le « oui » et non jouer faussement un travail d'équilibrisme pas du tout judicieux.

Le rapport avec solutions opérationnelles ou conduite de projet : les points essentiels à retenir

Contrairement à une note simple, un rapport assorti de solutions opérationnelles s'inscrit dans la logique d'une véritable aide à la prise de décision. On parle également de la partie dévolue à la conduite de projet. Il faut rappeler que même dans le cadre d'un rapport avec solutions opérationnelles, la première partie de l'épreuve vise uniquement la restitution exclusive des idées clés des documents. Les exemples, données, illustrations doivent provenir uniquement du dossier. Il n'est pas question de mentionner un moindre élément extérieur. C'est uniquement dans la deuxième partie qu'on peut évidemment faire état des idées et expériences personnelles, mais en faisant à chaque fois l'effort de réalisme et d'objectivité, entre autres. J'ajoute qu'il est absolument interdit d'évoquer dans cette partie le poste occupé et les compétences directes en lien avec le périmètre d'activités personnelles. Toute mention relative aux compétences, aptitudes, postes occupés, etc., doivent relever exclusivement des références mentionnées dans la commande.

Trois principaux types de conduite de projet

D'une manière générale, il existe fondamentalement trois types de conduite de projet : la démarche projet classique ou institutionnelle, la démarche projet thématique ou transversale et la démarche projet de service.

La démarche projet classique ou institutionnelle

C'est la conduite de projet la plus ancienne, connue, utilisée, voire conseillée. Elle se veut très encadrée notamment du fait de son caractère contraignant et coercitif. Dans une telle perspective, aucune solution ne peut être envisagée sans la mise en place d'un certain nombre d'instances d'un point de vue stratégique ou organisationnel. Je vais décliner les principales phases qui sous-tendent ce mode de conduite de projet :

- La mise en place du comité de pilotage (copil). C'est l'instance décisionnelle. Elle a notamment le pouvoir de signature et la mission essentielle d'orientation de politique générale.

- La mise place d'un comité technique (cotec). C'est l'équipe de techniciens, de spécialistes, d'experts dont le rôle est notamment d'implémenter sur le terrain les décisions et orientations du Copil.

- La désignation d'un chef de projet. C'est un maillon fort dans un dispositif. L'une de ses missions est de superviser le bon déroulement des opérations.

- L'état des lieux de la situation. Il permet de faire entre autres l'inventaire de l'existant et ne doit pas être confondu avec le diagnostic.

- Le diagnostic. Contrairement à certaines conceptions erronées, le diagnostic n'est pas exactement l'état des lieux. Certes le diagnostic d'une situation peut passer par l'étape préalable d'un état des lieux mais il impose en plus l'analyse, l'interprétation des données issues de l'inventaire. Un diagnostic est clairement le travail d'un technicien, expert ou spécialiste du domaine ou secteur concerné. Il faut dire que contrairement à l'état des lieux qui peut potentiellement être accompli par n'importe quelle personne, le diagnostic sera toujours la résultante d'un travail effectué par une personne ayant des compétences particulières dans le domaine ou secteur concerné. Pour prendre un exemple simple, une personne souffrante est capable de faire l'état des lieux de sa forme chancelante : courbature, mal de tête, nausée, etc., mais c'est bien le médecin qui sera à même de poser le bon diagnostic pour déterminer le mal dont elle souffre.

- L'implémentation des mesures correctives. Dans une conduite de projet classique, ce n'est pas à ce niveau que commence l'implémentation des « solutions opérationnelles ». Toutes les phases notifiées jusqu'ici (copil, cotech, etc.,) sont déjà en soi des solutions concrètes. Les mesures correctives ont pour but notamment d'adapter les pistes retenues en fonction des résultats du diagnostic. En cela, il serait plausible qu'un diagnostic technique débouche sur des solutions techniques, même si des réponses en termes de ressources humaines, infrastructurelles, sont également possibles.

Je profite par ailleurs pour énoncer ici qu'il existe plusieurs types de diagnostics (technique, économique, infrastructurel, etc.). Je vais simplement apporter des précisions utiles sur le diagnostic du territoire dont le but est d'analyser une sphère administrative en s'intéressant à son statut (commune, département, région) ou bien dans la logique de l'intercommunalité (métropole, communauté de communes, communauté d'agglomérations, etc.). De même il peut être intéressant dans ce cas de vérifier de façon globale les spécificités du territoire en question (zone littorale, touristique, sites protégés, etc.). Contrairement aux autres types de diagnostics, plus ciblés, celui qui concerne le territoire se veut clairement globalisant et pour le moins exhaustif.

- L'évaluation du dispositif. C'est une étape essentielle et incontournable dans la conduite de projet. C'est l'évaluation du dispositif qui donne la pleine mesure du bon déroulé ou non des mesures décidées. Comme le diagnostic, cette évaluation est faite par un spécialiste ou un expert.

- Le bilan. Cette ultime phase peut sanctionner la fin d'un dispositif. Ce qui est parfois considéré comme bilan de mi-parcours reste bel et bien dans le sillage de l'évaluation. Mieux, il est de bon ton de parler de rapport d'étape. Un véritable bilan est souvent réalisé dans la perspective de faire évoluer de façon significative un dispositif en termes de normes, référentiels, cadre juridique, compétences, etc., ce qui n'est pas forcément le cas lorsqu'on est encore dans un cadre évaluatif. Supposons l'implémentation d'un dispositif *ad hoc* prévu sur trois années : de la première à la troisième pourront se succéder différentes phases évaluatives et ce n'est qu'au bout de la troisième année que le bilan aura tout son sens. Il faut tout de même reconnaître que des bilans intermédiaires sont possibles si chaque année, il est prévu des objectifs précis à atteindre.

NB : dans une conduite de projet classique, il y a lieu de préciser à chaque fois qui fait quoi, quand, comment, pourquoi, dans quel cadre, etc. De même, il faut éviter toute composition fantaisiste du copil, cotech. Les rôles et missions de chaque personnalité ressource mobilisée doivent être précisés. Cela dit, voici un résumé schématique de ce premier type de démarche projet :

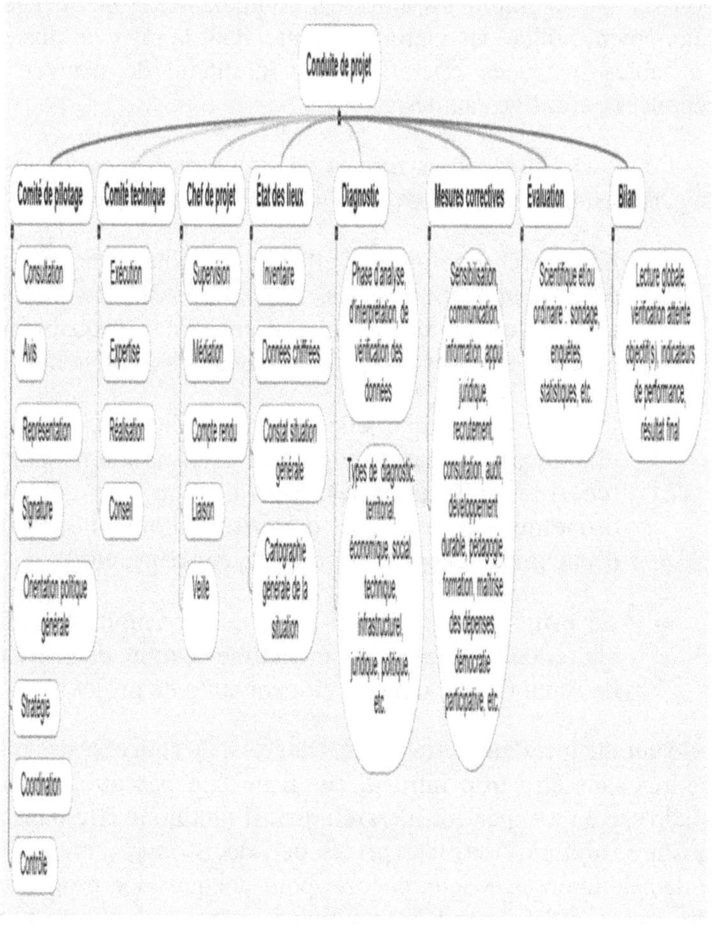

Ultime précision : la conduite de projet ne saurait être un processus considéré comme linéaire. Tout dépend à la fois de la commande et des propres orientations qu'on souhaite donner au dispositif. Dans une commande, il peut vous être demandé par exemple de procéder préalablement au bilan du dispositif existant avant de proposer en seconde intention de nouvelles mesures pour corriger les écarts constatés. Dès lors, il peut tout à fait être justifié que ce bilan demandé précède la mise en place du copil ou du cotech, notamment. Aussi, le diagnostic d'une situation peut être précédé par l'implémentation de mesures conservatoires. La survenue d'une catastrophe naturelle peut pousser par exemple les autorités compétentes à décider d'un relogement rapide des victimes en attendant la mise en place de véritables instances opérationnelles à même de trouver des réponses définitives au désastre.

J'évoque à présent les formes de structurations concrètes de la partie conduite de projet, dans un registre classique :

- La piste chronologique: elle permet, notamment, à partir d'un diagnostic précis, de proposer des actions correctives appropriées et d'enchaîner probablement avec un /suivi-évaluation des décisions implémentées.

- La piste thématique: elle consiste à séquencer une série d'actions avec par exemple une dissociation *temporelle* (court-terme/long-terme). Ainsi l'action 1 peut découler d'une mise en œuvre à court terme, l'action 2 *spatiale* d'une mise en application à moyen terme, etc.).

- La piste stratégique : il s'agit par exemple de définir clairement les objectifs, une feuille de route dans le cadre de l'amorce de la partie 2, « conduite de projet ».

J'ajoute que dans cette partie, l'idée est de suggérer des pistes claires sans être trop intrusif, car il ne faut pas oublier qu'on s'adresse à un supérieur hiérarchique. Il faut donc être dans une posture « d'aide à la prise de décision » et non de « décisionnaire ». Mieux encore, pour chaque idée proposée, il faut absolument répondre aux points suivants, dans la mesure du possible : i) qui (direction, service, agent, etc.,) ; ii) fait quoi (actions, sous-actions, etc.,) ; iii) où (lieux de prise de décision, etc.,) ; iv) comment (moyens, modalités de mise en œuvre, etc.,) ; v) quand (temporalité, échéancier dans le schéma d'action, etc.,) ; vi) combien, coût réel, etc.,) ; vii) pourquoi (intérêt, bienfondé à privilégier une orientation donnée, etc.).

Exemple d'application :

TECHNICIEN PRINCIPAL TERRITORIAL DE 1ère CLASSE SESSION 2015 SPÉCIALITÉ : Aménagement urbain et développement durable

Sujet :

Vous êtes technicien territorial principal de 1ère classe au service urbanisme de la commune de TECHNIVILLE (70 000 habitants). Dans le cadre de sa politique de développement de transport alternatif, le Maire souhaite proposer une offre de véhicules en libre-service.

Dans un premier temps, le directeur général des services techniques et du développement durable vous demande de rédiger à son attention, exclusivement à l'aide des documents joints, un rapport technique sur l'offre de vélos en libre-service. 10 points

Dans un deuxième temps, il vous demande d'établir un ensemble de propositions opérationnelles pour engager une démarche d'installation de vélos en libre-service sur le territoire de la commune. 10 points

Pour traiter cette seconde partie, vous mobiliserez également vos connaissances.

Liste des documents :

Document 1 : « Cinq ans après, ça roule pour le Vélib' » - *lefigaro.fr* – 22 juin 2012 – 2 pages

Document 2 : « Vélo en libre-service, un « transport du futur » réussi à Paris ou New York » - *AFP* - 5 décembre 2013 - 2 pages

Document 3 : « Le vélo aménage la ville » (extraits) – *Conseil général de l'Environnement et du développement durable* - 25 janvier 2011 – 11 pages

Document 4 : « Les coûts et les avantages des vélos en libre-service » - *Commissariat général au développement durable* - mai 2010 - 4 pages

Document 5 : « Quelles politiques en faveur des cyclistes et des piétons dans les villes françaises ? » - *neovelo.fr* - consulté le 10 octobre 2014 - 2 pages

Document 6 : « Comment décrire les infrastructures de vélo en libre-service ? La mise en œuvre controversée du dispositif Vélib' parisien » (extrait) – Martin Tironi - *csi.mines-paristech.fr* - 2011 - 2 pages

Pour rappel, la conduite de projet classique passe notamment par les étapes suivantes : copil, cotech, chef de projet, état des lieux, diagnostic, mesures correctives, évaluation, bilan. Dans la deuxième partie, il s'agit en effet d'établir un ensemble de propositions opérationnelles pour engager une démarche d'installation de vélos en libre-service dans la commune de Techniville.

Voici notamment les idées qui pourraient être valorisées :

- Constitution et missions du copil : M. Le maire : pouvoir de signature ; élus chargés des transports et des questions environnementales : rôle de supervision ; M. le préfet : mission de représentation.

- Constitution et missions du cotech : M. le directeur général des services techniques et du développement durable, chargé des missions à l'urbanisme : consultation ; entreprise adjudicatrice du marché public : mission générale de réalisation du projet.

- Chef de projet : « vous » ou un expert indépendant sur appel d'offres : rôle de liaison et de médiation.

- État des lieux : travail de repérage des lieux d'installation des vélos en libre-service ; cartographie précise des zones stratégiques : référent : vous, en tant que technicien principal.

- Double diagnostic économique et écologique : étude de faisabilité du projet ; analyse affinée du rapport avantages/risques dans le cadre de l'implémentation du projet : appel à un bureau d'études ; financement par les ressources propres de la collectivité : procédure marché public.

- Mesures correctives :

1) Du point de vue de l'aménagement du territoire : agrandissement des chaussées dans la mesure des possibilités

pour éviter les accidents et inciter les citoyens à avoir recours au vélo ; multiplier les zones 30 et de rencontres : référent : chef de service voirie et réseaux divers.

2) Du point de vue informationnel et communicationnel : prévoir une campagne de promotion du vélo ; sensibiliser sur ses vertus : préservation de la santé, limiter la pollution, moyen de transport moins peu coûteux : mobiliser à cet effet les services de la communication de la collectivité.

Évaluation technique du dispositif : chaque 6 mois, enquête de satisfaction des usagers du vélo, taux d'utilisation par type de publics, nombre d'accidents enregistrés ; niveau d'entretien du matériel ; comportement citoyen vis-à-vis du matériel : chef de projet comme référent.

Bilan : au bout de la troisième année depuis l'implémentation du dispositif ; supervision générale par M. le maire. L'objectif central consisterait notamment à décider lors d'une assemblée délibérante de l'extension ou non du dispositif sur la base des évaluations intermédiaires effectuées.

Pour aller plus loin, deux sous-parties peuvent constituer l'architecture de la partie 2, solutions opérationnelles :

A) La constitution nécessaire de l'instance stratégique (copil, cotech, chef de projet).

B) La mise en œuvre appropriée du plan d'action (état des lieux, diagnostic, mesures correctives, évaluation, bilan).

D'autres combinaisons sont possibles, en fonction de l'organisation spécifique que chacun peut vouloir donner au projet qu'il souhaite soumettre à la haute attention du commanditaire.

La démarche projet thématique ou transversale

La démarche projet thématique s'inscrit dans la dynamique d'une implémentation des mesures urgentes, de manière générale. Il est absolument nécessaire de préciser que le choix d'une telle conduite de projet exclut de facto la mise en place d'un comité de pilotage, technique, tout comme la désignation possible d'un chef de projet. Le choix d'un état des lieux (je rappelle qu'il ne nécessite presque pas de compétence particulière, contrairement au diagnostic) de l'existant ou la mise en place des groupes de travail reste une option appropriée. De même, il n'est pas question d'une quelconque évaluation du dispositif (très contraignante car elle engage le travail d'un spécialiste pouvant s'avérer coûteux) mais le bilan est possible (facilement réalisable notamment par le maire, chef de l'exécutif communal, qui pourra organiser une réunion avec son équipe pour vérifier, sur une base générale, l'atteinte ou non des objectifs décidés).

Outre le caractère urgent d'une situation où il faut trouver des solutions sans délai, recourir à la conduite de projet transversal peut se justifier également par un problème lié au manque de ressources humaines, aux difficultés de trésorerie rencontrées au sein d'une collectivité donnée, points clairement exprimés dans la commande. Dans ce cas, il s'agit d'envisager des pistes de réponses rapides en mobilisant notamment les mesures correctives suivantes : <u>sensibilisation, communication, information, appui juridique, recrutement, consultation, audit, développement durable, pédagogie, formation, maîtrise des dépenses, gestion énergétique, démocratie participative</u>, etc.

Concrètement au niveau de la deuxième partie, le plan peut prendre la forme, en fonction de la commande, de deux groupes de travail : d'une part l'un s'occuperait des questions liées aux items « information », « communication », « démocratie participative » ; d'autre part l'autre serait préposé à s'occuper de tout ce qui concerne les items « recrutement », « action pédagogique », « formation », « développement durable ».

Exemple d'application :

RÉDACTEUR PRINCIPAL TERRITORIAL DE 2ème CLASSE - EXAMEN PROFESSIONNEL DE PROMOTION INTERNE EXAMEN PROFESSIONNEL D'AVANCEMENT DE GRADE SESSION 2018

Sujet :

Vous êtes rédacteur principal territorial de 2ème classe à la direction des ressources humaines de la commune d'Admiville (600 agents, 55 000 habitants).

Lors de la réunion trimestrielle de la direction générale avec l'ensemble des chefs de service, de nombreux cadres ont fait état des difficultés qu'ils rencontrent dans la prise en compte du fait religieux, tant au sein des services que dans les relations avec les usagers.

Dans un premier temps, le Directeur général des services vous demande de rédiger à son attention, exclusivement à l'aide des documents joints, un rapport sur le principe de laïcité dans la fonction publique territoriale. / 10 points

Dans un deuxième temps, il vous demande d'établir un ensemble de propositions opérationnelles favorisant l'adoption par l'ensemble des agents de bonnes pratiques respectant le principe de laïcité. / 10 points

Liste des documents :

Document 1 : « Décision du Défenseur des droits MLD 2014–061 » – 29 juillet 2014 – 5 pages

Document 2 : « Loi déontologie : une redéfinition légale des obligations des fonctionnaires » (extrait) – La Gazette des communes – 12 juillet 2016 – 3 pages

Document 3 : Circulaire du 15 mars 2017 relative au respect du principe de laïcité dans la fonction publique (extrait) – 5 pages

Document 4 : « Laïcité et collectivités locales » (extraits) – Rapport annuel de l'Observatoire de la laïcité 2016-2017 – Avril 2017 – 5 pages

Document 5 : « Douze référents « laïcité » aident les agents à se positionner » – Béatrice Girard – lagazette.fr – 14 février 2018 – 2 pages

Document 6 : « La lettre du Référent déontologue et laïcité du CDG 64 » – Annie Fitte-Duval –cdg64.fr – 15 janvier 2018 – 2 pages

Pour une démarche projet transversal, 3 axes peuvent être valorisés :

A) Une sensibilisation citoyenne sur le vivre ensemble qui doit impliquer tous les agents; la devise de la république française sous-tend clairement 3 principes fondateurs : liberté, égalité, fraternité. Elle figure dans l'article 2 de la Constitution française du 4 octobre 1958 ; le rappel de la législation et de la réglementation en matière de laïcité peut être fait par le biais notamment du bulletin d'informations de la collectivité ; le respect des opinions différentes peut également faire l'objet d'affiches diverses par exemple dans les espaces de pause.

B) L'organisation d'une journée découverte « *spécial religions* » au sein de la mairie ; ainsi de façon facultative tout agent qui souhaite connaître quelques principes clés relatifs notamment aux différentes religions (islam, catholicisme, christianisme, etc.,) serait convié. L'organisation pourrait se faire avec l'appui des services de la préfecture. Pour la date, le dernier vendredi du mois de juillet de l'année peut être retenu, c'est-à-dire avant les vacances quand la pression administrative est moins intense ; cette journée porte ouverte peut prendre la forme de tables rondes, séminaires, etc. L'implication massive du maire en tant que première personnalité ressource de la collectivité devra être de mise pour sa pleine réussite. Le directeur général des services se chargera de superviser toutes les opérations.

C) Le lancement à l'échelle locale d'un processus de recrutement. Il s'agira à cet effet d'enrôler pour la circonstance des juristes (volet juridique), ethnologues et sociologues (pour édifier sur les risques du communautarisme), philosophes, en tant qu'éclaireurs de la libre pensée, etc. La rédaction du cahier des charges (contexte, objectifs de la journée, cadre contractuel, modalités de rémunération des intervenants, etc.,), la publication de l'appel d'offres et le processus de sélection finale seront assurés de bout en bout par le service ressources humaines de la collectivité.

La démarche projet de service

Le projet de service vise d'une manière générale à la réorganisation d'un service, en termes de ressources humaines, de cohésion de service, le but étant d'améliorer et d'optimiser le management d'ensemble. La responsabilité de la rédaction du projet incombe de cette façon exclusivement au chef de service. Ce type de conduite de projet peut nécessiter un diagnostic complet de la situation. De même, il peut être précédé par un audit interne ou externe. Le premier type est réalisé par une personne qui travaille au sein de la même structure. Le second est réalisé en revanche par un indépendant, d'où l'appellation « tierce partie ». L'audit est pour rappel une expertise professionnelle effectuée par une personne assermentée permettant de poser un jugement précis par rapport à une norme sur les états financiers, un référentiel, un contrôle interne, une organisation donnée, une procédure spécifique, ou une opération quelconque d'une entité ou d'un groupe. C'est essentiellement un ensemble d'opérations qui peuvent mobiliser un travail d'évaluations, d'investigations, de vérifications ou de contrôles appropriés, à partir d'un cahier des charges précis. La finalité d'un audit peut être de corriger les écarts et les dysfonctionnements relevés à la fin. Dans le cadre d'un concours ou d'un examen officiel, ce type de conduite de projet est rarement mobilisable au regard de la nature des commandes habituelles.

Exemple d'application :

EXAMEN PROFESSIONNEL DE PROMOTION INTERNE D'INGÉNIEUR TERRITORIAL SESSION 2020

Sujet :

Ingénieur territorial, vous êtes directeur des services techniques de la ville d'INGEVILLE, comptant 50 000 habitants et ville-centre d'une communauté d'agglomération.

Dans un premier temps, le Maire vous demande, exclusivement à l'aide des documents joints, une note sur la ville intelligente. 12 points

Dans un deuxième temps, vous établirez un ensemble de propositions opérationnelles proposant une méthodologie pour permettre une transition vers la ville intelligente. 8 points

Liste des documents :

Document 1 : « Villes intelligentes. Tous concernés, du village à la métropole » (extrait) - Cerema - mai 2018 - 4 pages

Document 2 : « Introduction : pourquoi la ville intelligente ? » (extraits) - smartgrids/Commission de Régulation de l'Energie - 14 février 2012 -4 pages

Document 3 : « La smart city, une ville intelligente » - Agence d'urbanisme de l'aire toulonnaise et du Var - octobre 2017 - 4 pages

Document 4 : « Smart city : les clés de la ville intelligente » - lagazette.fr -23 novembre 2018 - 2 pages

Document 5 : « Le numérique pour se prémunir des risques d'inondations » - villeintelligente-mag.fr - 26 février 2018 - 2 pages

Document 6 : « Smart city : vers quelle gestion intelligente des déchets ? » - lessmartgrids.fr - 16 mai 2018 - 3 pages

Document 7 : « Les marchés publics présentent-ils des points bloquants pour la ville intelligente ? »- techni.Cités - mai 2016 - 2 pages

Document 8 : « OnDijon, la smart city est en marche : piloter l'espace public » - lessmartgrids.fr - 13 mai 2019 - 3 pages

Document 9 : « Rendre la mobilité sobre et écologique. Aménager l'espace public. Concevoir des bâtiments évolutifs. Connecter les bâtiments avec et pour les usagers » - Caisse des dépôts - novembre 2016 - 4 pages

Document 10 : « Rendre la ville intelligente permet de faire des économies » - lagazette.fr - 14 juin 2019 - 3 pages

Document 11 : « Les promesses à double tranchant de la ville intelligente » - lagazette.fr - 8 février 2017 - 5 pages

Voici un sujet type qui peut donner lieu à la proposition d'une démarche projet de service. En effet, poser les bases d'une ville intelligente n'est pas aisé. Il s'agit clairement ici d'une vraie perspective disruptive, c'est-à-dire qui appelle à de grands chamboulements, du point de vue sociétal, urbanistique, technologique, etc. Dans le sillage des administrations, donner sens à une ville intelligente c'est repenser de nouvelles façons de mobilité, d'occupation d'espaces de travail.

En tant que directeur des services techniques de la ville d'INGEVILLE qui compte 50 000 habitants, tous les ingrédients sont réunis pour que vous puissiez donner une véritable impulsion à la nouvelle organisation qui portera votre signature. C'est tout un système et toute une méthode de travail innovante qui doivent être redynamisés. Et le mot « transition » présent dans la commande n'est pas anodin. La ville intelligente est donc un nouveau monde, plein de promesses (intelligence artificielle) mais aussi d'incertitudes (protection des données).

Le défi est crucial, en termes de conduite de projet : il s'agit d'adapter les différents services de la collectivité aux réalités de la ville intelligente.

1) La création ou le renforcement du pôle numérique avec désignation d'un chef projet :

Il est presque impossible d'envisager la transition vers la ville intelligente sans donner corps à un véritable pôle numérique, les nouvelles technologies étant l'épicentre de cette nouvelle donne en termes de conception urbaine. Il faut par ailleurs procéder soit à la nomination d'un chef de projet selon les procédures en vigueur, soit procéder à un recrutement interne, par le biais d'un contrat à durée indéterminée.

2) La création ou le renforcement de la cellule juridique

Qui dit ville intelligente dit données personnelles de masse et potentiellement cybercriminalité, vol potentiel de ces informations vitales. La cellule juridique devrait ainsi travailler de concert avec la Commission Nationale de l'Informatique et des

Libertés (CNIL), le défenseur des droits, et veiller au strict respect du Règlement Général sur la Protection des Données (RGPD), à une échelle plus large.

3) La création ou le renforcement du pôle écologique

Contrairement à ce qui avait été imaginé à un moment donné, Internet est aussi source de pollution. Les data center consomment énormément d'énergie. Les navigations quotidiennes des internautes génèrent inéluctablement des gaz à effet de serre. Selon Greenpeace, plus on dématérialise, plus on utilise de la matière et de l'énergie.

Le travail du pôle écologique sera donc d'évaluer tous les risques écologiques qui pourraient advenir à la suite de l'implémentation d'une ville intelligente à INGEVILLE. Mieux encore, il s'agit de trouver des solutions alternatives aux énergies fossiles en privilégiant notamment les énergies 100% renouvelables (solaire) pour faire fonctionner les data center.

4) La réorganisation du service communication

De plus en plus, il est question d'un nouveau métier en lien avec la communication numérique ; il s'agit des community manager. Ce sont de véritables professionnels qui maîtrisent très bien les écosystèmes numériques (réseaux et médias socio-numériques, blogs, forums de discussion, etc.). L'idée est soit de former les agents du service à cette nouvelle fonction, soit d'externaliser la prestation sur appel d'offres. De toute évidence, il sera nécessaire de faire un véritable travail de pédagogie pour expliquer aux citoyens les grands enjeux et le bienfondé d'une ville intelligente et ce travail explicatif à grande échelle devrait ne pas se limiter à la communication traditionnelle via notamment les méthodes classiques et parfois dépassées (flyers). Avec la génération Y, notamment, toucher cette cible privilégiée implique qu'on aille les chercher dans leur univers qui est éminemment un monde dominé par la réalité informatique.

Bref, la réussite du projet de mise en branle de la ville intelligente à INGEVILLE passe judicieusement par la mise en œuvre d'une indispensable dynamique professionnelle marquée du sceau de la transversalité. Ce choix structurant passe en somme par une interopérabilité efficiente entre les différents services (urbanisme, informatique, cellule juridique, etc.,) appelés à travailler de concert pour rendre ce programme ambitieux de la ville intelligente pleinement opérationnel. Le travail collaboratif qui sous-tend la nouvelle vision professionnelle du point de vue organisationnel doit ainsi devenir le nouveau leitmotiv repris par tous pour plus d'efficacité pratique.

En définitive quel que soit le type de démarche projet retenu, il faut bien circonscrire les compétences par type de collectivités (commune, département, région), ou en tenant compte de leurs caractéristiques propres (métropole, communautés de communes, communautés d'agglomération, etc.).[1]

Voici sous forme tabulaire un rapide rappel des compétences des trois types de collectivités territoriales:

Commune	**Département**	**Région**
Urbanisme, logement, environnement, gestion des écoles préélémentaires et élémentaires.	Action sociale (enfance, personnes handicapées, personnes âgées, revenu de solidarité active), infrastructures (ports,	Développement économique, aménagement du territoire, transports non urbains, gestion des lycées,

[1] Si un sujet ne mentionne pas de façon explicite ces informations, prendre pour base les compétences qui peuvent être celles d'une commune (fourchette basse) mais sans en revanche faire mention du terme « commune » qui pourrait être considéré comme un « hors-sujet ».

	aérodromes, routes départementales), gestion des collèges, aide aux communes.	formation professionnelle.
NB : Les trois niveaux de collectivités se partagent les compétences dans les domaines suivants : sport, tourisme, culture, promotion des langues régionales, éducation populaire.		

Toujours en matière de conduite de projet, il est nécessaire de maîtriser toutes les subtilités liées à l'intercommunalité, qui désigne les différentes formes de coopération qui existent entre les communes. À titre de rappel, le regroupement de communes au sein d'établissements publics de coopération intercommunale (EPCI) répond à quelques objectifs majeurs : i) favoriser le développement économique local et relancer la politique d'aménagement parfois affaiblie par des disparités territoriales profondes ; ii) mieux coordonner les actions et initiatives locales en mutualisant les moyens ; iii) lutter contre l'émiettement de certains territoires en mal de développement.

Par ailleurs, il faut bien distinguer l'intercommunalité de gestion et l'intercommunalité de projet. Dans le premier cas, il s'agit de mutualiser les efforts pour assurer de façon coopérative certains services publics locaux (ramassage des ordures ménagères, transports urbains, etc.,), à l'effet de réaliser des économies substantielles. Cette forme de coopération est dite « associative ». Elle n'a pas de fiscalité propre et dépend des contributions des communes membres. Dans le deuxième cas de figure, les communes peuvent accepter de se mettre d'accord pour mener des projets communs, ce qui relève de la coopération dite « fédérative ». Le régime de ce type de coopération jouit d'une vraie autonomie puisqu'il est régi par une fiscalité propre qui permet à ces EPCI de disposer de recettes fiscales directes.

Maîtriser le timing de la rédaction de la note ou du rapport avec solutions opérationnelles

Rédiger une note ou un rapport avec solutions opérationnelles consiste pour un destinateur à produire un message à un destinataire « fictionnel » (le maire, le directeur général des services, etc.), mais en réalité le vrai destinataire est le « correcteur » dont dépend le sort de la copie.

La vérification de tous les éléments du dossier

Au préalable, il est indispensable de prendre le temps pour vérifier la liste des documents et le nombre de pages de chaque document issu du dossier. Cette étape peut même déjà donner l'occasion de bien identifier leur source et leur nature (juridiques, documents officiels, articles de presse généraliste ou spécialisée, etc.,), qui sont autant de conditions à respecter en termes de choix documentaires.

La lecture des documents, le repérage des informations essentielles et la prise de notes

Une des questions et préoccupations majeures que se posent les candidats est de savoir s'il faut lire nécessairement tous les documents du dossier pour rédiger une note ou un rapport avec solutions opérationnelles. La réponse à cette interrogation majeure est délicate. Si en théorie l'on peut être tenté de répondre par l'affirmative, dans les faits c'est presque mission impossible, au risque de sacrifier la partie rédactionnelle. Le plus important, c'est de faire un choix adapté des documents issus du dossier. Personnellement, quelle que soit la nature de l'épreuve, je conseille de faire le choix de « 4 documents maximum » et de se servir des autres pour rechercher des informations complémentaires qui peuvent permettre de rédiger par exemple l'introduction, la conclusion, d'articuler les débuts de paragraphes et de mieux étoffer leur contenu (statistiques, chiffres clés, graphiques significatifs, illustrations, exemples pertinents, etc.). Et même, la lecture des documents choisis doit aussi faire l'objet d'une sorte de hiérarchisation « bis ». Autrement dit, parmi les quatre documents de référence sur lesquels un choix peut être porté, le temps de lecture doit être inégal. Plus concrètement, si l'on décide de consacrer une heure à la lecture, il ne faut pas se dire qu'on aura à passer 25 minutes de temps de lecture pour chaque document. Si l'on juge certains plus essentiels que d'autres, un document (pivot) peut même occuper plus de la moitié du temps alloué tandis que les trois autres feront l'objet d'une lecture plus ou moins superficielle/rapide.

En somme, les choix documentaires doivent obéir à des logiques appropriées :

- Privilégier ceux qui ont un caractère juridique tout en évitant néanmoins de vouloir tout exploiter dans la rédaction finale ;

- Faire le choix des documents récents ;

- Partir des documents généraux vers les documents spécifiques ;

- Faire rapidement le tri entre des documents qui développent les mêmes thèmes/arguments. En ce sens, il n'est pas toujours efficient de lire les mêmes informations qui n'apportent aucune valeur ajoutée dans le cadre de la rédaction finale.

Par ailleurs, s'il n'existe pas, *a priori*, « de document piège », il faudra faire attention à tout document à caractère partisan, qui irait dans le sens de propos tendancieux, outrageux, idéologiques, politiques, etc. Un texte de loi, un décret, une circulaire, etc., seront toujours plus « consensuels » que l'écrit d'un « syndicaliste » ou d'un « homme politique ». Aussi, pour des sujets délicats comme ceux qui porteraient sur la « radicalisation », la « laïcité », l'«immigration », il faut faire très attention dans le choix des documents, en privilégiant surtout ceux qui s'inscrivent dans une logique non partisane ou qui ont trait aux aspects administratifs, légaux.

Pour gagner en temps lors de la lecture, il est inutile de mentionner une information deux fois. C'est pourquoi tout document redondant peut être mis de côté et servir le cas échéant à illustrer ses propos. Exemple : on a deux documents qui parlent de la violence urbaine et de ses conséquences ; ils évoquent tous des conséquences sur le plan politique, économique et culturel. Il serait alors intéressant de relever les conséquences politiques dans le premier, économiques et culturelles pour le second. L'erreur à éviter c'est donc de citer tous les exemples des deux documents.

De même, s'il y a une constante en termes de conseils, c'est de dire que dans tous les cas de figure, le temps de rédaction doit être supérieur au temps de lecture. C'est avec l'écriture que le bât blesse généralement (problème de reformulation, fautes de langue, idées parfois inadaptées, etc.). Il faut que les candidats soient vigilants à ce sujet car ils veulent toujours croire que rédiger une note ou un rapport avec solutions opérationnelles, c'est absolument tenir compte du maximum des idées contenues dans les dossiers, ce qui est archi faux. Cette hantise injustifiée qui revient de façon inlassable n'a pas lieu d'être. Il est surtout demandé d'insister davantage sur ce qui est essentiel, primordial, vital, cardinal, déterminant, révélateur, atypique, principal, dominant, central, caractéristique, crucial, indispensable, nécessaire, utile, et c'est d'ailleurs sur ces points clés que les candidats sont particulièrement évalués et jugés.

Les principales méthodes de prise de note

Avant de présenter ma propre méthode pour mieux gérer son temps et réussir à coup sûr son plan, voire l'épreuve, je vais au préalable évoquer les méthodes traditionnelles, plutôt chronophages et inadaptées à mon sens.

Le surlignage ou soulignage sur dossier

Même s'il s'agit d'une méthode que je déconseille fortement, je me permets d'en parler tout de même. Pratique très ancienne, elle continue à être appliquée ce jour par bon nombre de candidats. Il s'agit de lire un texte et de souligner/surligner les mots « clés », qu'on confond parfois malheureusement avec les mots « difficiles ». Les problèmes que soulève cette pratique de lecture sont nombreux. D'abord, il est impossible de déterminer les mots clés dans une première lecture car on ne sait pas toujours si ce qui vient après sera plus intéressant encore. Imaginez-vous en train de faire des courses dans un magasin que vous ne connaissez pas. Vous voulez acheter de beaux vêtements. Si vous voulez objectivement faire des choix décisifs, il faut sans doute commencer par faire le tour de tout le magasin afin de faire un repérage exhaustif et complet des articles disponibles. Si vous vous lancez dans les rayons en prenant tous les vêtements que vous croyez intéressants, à la fin vous risquez de vous retrouver à acheter tout « le magasin ».

Cela dit, parvenir à mieux détecter les mots clés, c'est lire un texte au moins deux fois, ce qui est mission impossible, faute de temps, dans le cadre d'une épreuve officielle.

Ensuite, le surlignage/soulignage sur dossier est une pratique qui a tendance à « anesthésier » l'esprit et à encourager à la paraphrase et au copier-coller. En d'autres termes, quand on le fait, le cerveau est presque au repos, il ne réfléchit pas d'autant plus qu'à l'évidence, tout se fait sur une base aléatoire et de façon spontanée. On n'est jamais sûr que les mots qu'on souligne sont véritablement les mots clés, c'est pourquoi à la fin, on a souvent du mal à faire le tri et à organiser les idées de façon cohérence et pertinente.

Enfin le surlignage et le soulignage font perdre beaucoup de temps, sans compter qu'ils « salissent » le dossier avec la surcharge des couleurs, ratures et autres frises inutiles. Pire encore, s'ils permettent d'emmagasiner le plus d'informations possibles, la difficulté se posera effectivement quand il faudra les sélectionner, trier, et valoriser.

La fiche de lecture

La fiche de lecture permet de consigner l'ensemble des idées majeures au brouillon sous forme synthétique. Faire une fiche de lecture est à peu près l'équivalent d'une rédaction au brouillon de la note, sous forme de rappel mémoire. Une fois encore, je déconseille cette méthode dans le cadre d'un concours ou d'un examen car il faut disposer d'un temps conséquent pour y arriver. Ce qui est loin d'être le cas. La fiche de lecture est vraiment adaptée dans le cadre de la rédaction d'un travail académique type mémoire.

Une méthode originale et éprouvée : l'annotation qualifiante

L'annotation qualifiante est une technique de prise de notes très pratique et pas assez connue et exploitée. Bien maîtrisée, elle permet un gain de temps énorme et une efficacité réelle dans la planification, voire la rédaction de la note ou du rapport avec solutions opérationnelles.

Elle interdit tout surlignage ou soulignage sur dossier, inefficient et peu pratique. C'est une méthode de mise en réseaux des termes d'un texte ou d'un document. Pour expliquer de façon simple l'annotation qualifiante, je vais prendre deux exemples précis.

1) Vous êtes en train de lire un texte donné. Au cours de cette lecture découverte, vous voyez défiler les mots enfants, parents, femme, homme, maman. Dans les méthodes classiques, vous pouvez être tenté de souligner plus ou moins tous les termes. Or avec l'annotation qualifiante, vous allez tout simplement noter à la marge le terme clé « famille ». Notez que le mot « famille » viendrait de vous. Cela veut dire que votre cerveau aura déjà travaillé au cours de l'opération de lecture pour trouver un terme

englobant pouvant permettre d'inclure bon nombre de mots ci-dessus.

Imaginez maintenant à la suite la présence des mots comme « ami, filleul, parrain, marraine », etc. Vous pouvez tout simplement distinguer à ce moment entre « famille nucléaire » : enfant, père, mère, et « famille au sens large » : parrain, ami, camarade. En réalité, l'annotation qualifiante permet non seulement de formuler vos titres et sous-titres mais mieux de préparer le plan de votre note et de votre rapport.

2) Voici à la suite un deuxième exemple plus opérationnel cette fois-ci. Prenons le cas d'un texte avec les mots loi, droit, constitution, législateur, députés, assemblée nationale, vote de loi, délibération, amendement, proposition de loi, justice, textes de loi, articles, actes : vous pouvez avoir à noter à la marge « cadre juridique ».

Si par la suite s'ajoutent les termes ordonnance, décret, arrêté, circulaire, charte, clause, note de service, vous pourriez alors consigner à la marge « cadre juridique et officiel », une clause ou une note de service n'ayant *a priori* aucun caractère juridique.

Comme on le voit, la principale qualité de l'annotation qualifiante est qu'elle permet d'ajuster le mot ou l'expression clé en fonction de l'apparition de nouveaux termes. Il ne s'agit pas d'une méthode figée mais dynamique et ouverte. Les mots et les expressions clés retenus ne seront jamais ceux déjà présents dans le texte. Ils viendront de vous et devraient permettre d'intégrer tous les aspects importants que vous voulez développer. C'est pourquoi dans le cadre d'une annotation qualifiante, si un mot du document exploré ne rentre pas dans le titre retenu en marge, il faudra trouver un titre plus englobant ou faire éclater le même titre en deux ou plusieurs sous-titres. Le deuxième exemple exposé est assez clair à ce sujet. Si j'ai comme titre « le cadre juridique », j'aurai du mal à intégrer le mot « charte ». Pour résoudre ce problème, soit mon titre devient « cadre juridique et officiel », soit je fais éclater en deux sous-titres, ce qui me donnera : a) le cadre juridique ; b) le cadre administratif/institutionnel/officiel, etc.

Exemple d'application :

EXAMEN PROFESSIONNEL D'ATTACHÉ TERRITORIAL PRINCIP
SESSION 2017

Sujet :

Attaché principal, vous êtes chargé de mission auprès du Directeur Gé des Services (DGS) de la communauté d'agglomération d'Admiville (10 habitants). Une enquête récente a mis en évidence une méfiance crois des administrés envers leurs élus et leur administration. Le président communauté d'agglomération souhaite restaurer cette confiance et ins une culture déontologique au sein des services de l'EPCI. A cette fin, DGS vous demande, à l'aide du dossier joint et de vos connaissances note assortie de solutions opérationnelles argumentées sur la mise en o des lois relatives à la déontologie à l'échelle de l'établissement

Liste de documents

Document 1 Loi n° 83-634 du 13 juillet 1983 portant droits et obligation fonctionnaires (extraits), 7 pages

Document 2 Loi n° 2016-483 du 20 avril 2016 relative à la déontologie e droits et obligations des fonctionnaires (extraits), 1 page

Document 3 Code Pénal, article 432-12 et article 432-13 - 1 page

Document 4 Note d'information du directeur général des collectivités lo datée du 22 juillet 2016, relative à l'application aux collaborateurs de ca des autorités territoriales des obligations relatives aux déclarations d'in et de situation patrimoniale, 4 pages

Document 5 Delphine Gerbeau, « Sous quelle forme juridiqu fonctionnaires peuvent-ils exercer une activité privée à titre accessoir La Gazette des Communes, 10 janvier 2012, 1 page

Document 6 Charte de déontologie du Directeur Général des collec territoriales et de leurs établissements publics proposée par le Sy National des Directeurs Généraux des Collectivités Territoriales (SND consulté en décembre 2016, 2 pages

Document 7 « Pour une nouvelle déontologie de la vie publiq Conclusion du rapport de la Commission de réflexion pour la préventio conflits d'intérêts dans la vie publique, remis au Président de la Répu le 26 janvier 2011, 2 pages

Document 8 « Le droit d'alerte : signaler, traiter, protéger ». Étude ad le 25 février 2016 par l'assemblée générale plénière du Conseil d'Eta Documentation française 2016 (extrait), 2 pages

Document 9 Pascal Weil, « Parmi les élus, le réflexe 'déontologue' reste à acquérir », *www.courrierdesmaires.fr*, 1er juin 2016, 2 pages

Document 10 Guillaume Valette-Valla, « C'est un bond en avant même si certains dispositifs auraient pu être plus simples », propos recueillis par Agathe Vovard, La Gazette des communes, n° 2318, 23 mai 2016, 1 page

Document 11 « Charte de déontologie des élus de Voisins », www.voisins78.fr, 16 février 2016, 1 page

Document 12 Jean-Noël Gros, « Charte de déontologie : les encombrantes invitations des élus », www.ladepeche.fr, 16 octobre 2015, 1 page

Document 13 Marjolaine Koch, « Elus-citoyens : confiance, le lien brisé », www.lettreducadre.fr, 26 septembre 2016, 1 page

Document 14 Daniel Lebègue, « Il faut restaurer la confiance entre élus et citoyens », *www.courrierdesmaires.fr*, propos recueilli par X. Brivet, consulté le 30/11/2016, 1 page

Document 15 JM. Joannès, « La mise en cause pénale des territoriaux en phase de décrue », La Gazette des communes, 12 décembre 2016, 2 pages

Document 16 H. Gully, « Loi Sapin II : un statut inédit pour les lanceurs d'alerte », Les Echos, 3 novembre 2016, 1 page

Document 17 Loi n° 2015-366 du 31 mars 2015 visant à faciliter l'exercice, par les élus locaux, de leur mandat, article 2, 2 pages

Le choix a porté sur le document 16 pour expliciter la démarche :

***Loi* (législation, cadre légal/juridique) Sapin II : un statut inédit pour les *lanceurs d'alerte* acteur social)**

Hélène Gully, 3 novembre 2016, Les Echos

Objet de beaucoup de fantasmes, la loi Sapin II prévoit une série de *dispositifs* (orientations, clauses, aménagements, conditions, décisions, modalités, prédispositions, résolutions, prescriptions, points) dont l'objectif est d'aussi bien protéger les lanceurs d'alerte que les entreprises. (...)

Cette loi, sur laquelle les *députés* (parlementaires, acteurs institutionnels, élus, membres du parlement) sont parvenus à un *consensus* (accord, agrément, adhésion, approbation, équilibre, compromis, entente), octroie aux lanceurs d'alerte un statut inédit en France. Et vient compléter l'arsenal législatif actuel, composé de six lois – adoptées entre *2007 et 2015* (chronologie, temporalité, calendrier). (...)

Un lanceur d'alerte est une *personne physique* (entité, être, individu, citoyen, humain, sujet) qui révèle ou signale, de manière désintéressée et *de bonne foi* (de façon honnête, crédible, fidèle, juste, irréprochable, loyale, sérieuse, scrupuleuse), un crime ou un délit, une violation *grave* (dangereuse, alarmante, critique, inquiétante) et *manifeste* (ostensible, visible, évidente, apparente, caractéristique, tangible, apparente, concrète, certaine, patente, réelle, claire, percevable, perceptible, transparente) d'un *engagement* (obligation, accord, souscription, traité) international régulièrement *ratifié* (signé) ou *approuvé* (entériner) par la France, d'un *acte* (action, décision), unilatéral d'une organisation internationale pris sur le *fondement* (source, principe, pivot, siège, racine, socle, soubassement) d'un tel engagement, de la loi ou du règlement, ou une *menace* (atteinte, danger) ou un *préjudice* (pertes, dommages, maux, désagréments) graves pour *l'intérêt* (bien) *général* (commun, collectif, partagé) , dont elle a eu *personnellement* (individuellement, singulièrement) connaissance. (...) Pour que ce dispositif reste crédible, les députés ont choisi de ne pas accorder ce statut « à n'importe qui ». (...)

Quelles sont les *garanties* (assurances, clauses, précautions) pour les *entreprises* (organisations, établissements, sociétés) et administrations (institutions, services, directions) concernées par lanceurs d'alerte ?

La loi Sapin II prévoit trois *étapes* (niveaux, instances, échelles, jalons, phases*)* *encadrant* (articulant, fixant) une *procédure*, (processus, procédé, mécanisme) de *signalement* (pointage, avertissement). Les premiers à devoir être *avertis* (renseignés, alertés, prévenus, instruits, sensibilisés, informés) appartiennent (relèvent du) au *circuit* (niveau, cercle, échelle) interne. Ainsi, dès qu'une personne constate un *dysfonctionnement* (problème) ou un *abus* (excès, errements, outrance), elle a le *devoir* (obligation, impératif, nécessité, charge, exigence, responsabilité) d'*alerter* (informer, avertir, aviser) tout d'abord (avant, au préalable, en priorité) le *déontologue* (professionnel) de l'entreprise ou de l'administration concernée, à défaut le supérieur hiérarchique.

Si ce premier *palier* (socle, niveau, échelon, stade, phase, étage) se révèle *insatisfaisant* (décevant, non concluant) – en cas de *hiérarchie compromise* (situation particulière) *par exemple* (à titre d'illustration, en l'occurrence, notamment) – le lanceur d'alerte peut contacter un interlocuteur externe. A savoir, la justice (institution), les autorités administratives sectorielles comme l'AMF, *l'Agence française anticorruption* (organisme), le *Défenseur des droits*, *les délégués du personnel* (acteurs), etc.

La presse (média) n'est donc utilisée qu'en dernier *ressort* (recours, intention). La législation française *interdit* (empêche, proscrit) à tout lanceur d'alerte « sauf si l'urgence l'exige » de divulguer son *information* (renseignement, note, nouvelle) aux médias et à la société civile sans avoir respecté les deux précédents paliers.

Les *canaux* (voies, moyens) d'alerte sont très précis et encadrés, pour ne pas prêter le flanc aux *affabulateurs* (manipulateurs, faussaires, bonimenteurs, imposteurs, calomniateurs) et prendre le *risque* (responsabilité) de *déstabiliser* (mettre en danger, en péril, affaiblir, affecter, ruiner) l'entreprise.

Quelles sont les *sanctions* (punitions, condamnations) prévues ?

Pour dissuader les mal intentionnés, la loi Sapin II a prévu deux *types* (formes, genres) de sanctions pénales. Pour ceux qui *entravent* (font obstacle, opposition à) l'alerte tout d'abord et pour les faux lanceurs d'alerte. Empêcher le signalement d'une alerte est puni d'un an de prison et de 15 000 euros d'amende. Mais lorsque ce délit est commis en *bande organisée* (groupe, de façon collective) et avec *violences* (sévices, brutalité), la sanction est portée à trois ans d'*emprisonnement* (privation de liberté) et 45 000 euros d'amende.

Dans la même veine, celui qui diffuse toutes informations permettant l'identification du lanceur d'alerte ou de la victime - s'il y en a une - s'expose au risque d'être emprisonné durant deux ans et de payer une amende de 50 000 euros.

Pour mieux expliquer la démarche entreprise dans le sillage de l'annotation qualifiante, j'ai au préalable procédé au repérage des données que je vais exploiter plus tard. Il s'agit de tous les mots en *italique*. Ces termes sont ceux du document. Par la suite j'ai appliqué les différentes techniques de reformulation (synonymie, champ lexical, etc.). Tous les termes soulignés sont des ajouts personnels. C'est ce qu'il faut absolument faire pour éviter la paraphrase.

Ce qu'il me reste à faire est de me servir de l'annotation qualifiante pour procéder à un travail synthétique de toutes les données identifiées. Sans être exhaustif, ces points peuvent notamment être recoupés :

- Le cadre juridique qui sous-tend le travail des lanceurs d'alerte : loi Sapin 2.

- Les principaux acteurs mobilisés : les lanceurs d'alerte, les députés, la presse, etc.

- L'approche définitionnelle du vocable « lanceur d'alertes ».

- Les organisations et organismes concernés par la question : entreprise, l'Agence française anticorruption, etc.

L'avantage de l'annotation qualifiante est qu'elle permet même en amont, comme déjà mentionné, de préparer la formulation des titres et des sous-titres. Généralement les candidats se cantonnent à reprendre les mêmes termes issus du dossier sans chercher à trouver des expressions équivalentes. C'est pourquoi ils vont notamment avoir en titre « la loi Sapin 2 » alors que la bonne formulation serait d'évoquer plutôt « le cadre juridique ». Parlant des acteurs, il est possible, au lieu de reprendre le terme « député » issu du document d'avoir recours plutôt au mot « parlementaire », ce qui rendrait la rédaction de la note ou du rapport plus originale. Encore une fois, pour faire ce travail de reformulation, je conseille vivement de s'entraîner avec le dictionnaire en ligne « synonymo ».

Pour aller plus loin encore, dans le cadre de l'annotation qualifiante, il est encore possible de faire preuve d'audace. La loi Sapin 2, par exemple peut être considérée comme une sorte de vision politique innovante, de choix politique audacieux, de nouvel impératif sociétal, de stratégie ambitieuse, etc., en liens justement avec la délicate question concernant les lanceurs d'alerte. Comme déjà explicité dans les lignes précédentes, au lieu à chaque fois de vouloir absolument formuler un titre ou un sous-titre sur le cadre juridique ou légal, en référence à la loi Sapin 2, il peut tout aussi porter sur les différentes pistes évoquées (vision politique, choix audacieux, impératif sociétal, stratégie ambitieuse). De même, j'ai déjà pu énoncer l'idée qu'un lanceur d'alerte est l'équivalent d'un acteur social. Je peux encore aller plus loin en proposant d'autres formulations : « éveilleurs de conscience », « figure controversée » « personnage polémique », puisqu'il s'agit d'une manière générale d'un individu qui ne fait pas toujours l'unanimité au sein de l'opinion publique. La rédaction de la note ou du rapport peut ainsi gagner en efficacité formelle lorsqu'on arrive à mobiliser cette technique très appropriée.

La rédaction finale de la note de synthèse ou du rapport avec solutions opérationnelles

L'épreuve de la note ou du rapport avec solutions opérationnelles est très formaliste, c'est désormais une vérité de Lapalisse, et les candidats se doivent d'apporter une attention particulière au cadre formel. Il est recommandé de proposer le timbre et de veiller à ce que la copie soit bien présentée, sans ratures ni éléments à la marge. Les stylos effaçables sont à déconseiller.

L'introduction et la conclusion (éventuelle) doivent se détacher clairement du développement. Chaque partie doit être distincte d'une autre ; dans ce cas, il peut être judicieux de sauter à chaque fois une ligne et de laisser potentiellement un espace d'un centimètre sur la gauche à chaque amorce d'un nouveau paragraphe. Les titres et sous-titres peuvent être soulignés à condition d'utiliser le même stylo, sinon on peut être sanctionné pour rupture d'anonymat.

Bref, il est question de rendre une copie esthétiquement irréprochable, dans la mesure du possible.

Le timbre

Le timbre donne des informations précises portant sur le destinateur de la note ou du rapport avec solutions opérationnelles, le destinataire, la collectivité émettrice, le service concerné, la ville, la date, l'objet, les références, la formule d'appel. Il est conseillé de mentionner le timbre même si la note de cadrage ne l'impose pas forcément. Les candidats veilleront à ce que l'objet soit le plus précis et le plus succinct possible. D'habitude, ils reprennent parfois l'objet de façon banale et triviale. Sans changer la nature de l'objet de la commande proprement dite, un effort de reformulation sera favorablement apprécié.

Quant aux références, si elles sont mentionnées, elles doivent uniquement porter sur les textes juridiques, et non sur les documents issus du dossier comme certains ont tendance à le croire. Il peut être indiqué, mais sans contrainte aucune, de faire état de trois références au maximum pour ne pas trop alourdir le timbre. Il faut aussi penser à chaque fois à bien préciser la nature d'une référence. Exemple : Loi du 26 juillet 2005 <u>relative au développement des services à la personne et portant diverses mesures en faveur de la cohésion sociale.</u> (Ne pas se limiter à « loi du 26 juillet 2005 »).

Autre détail et pas des moindres : un projet de loi (initiative gouvernementale) ou une proposition de loi (initiative parlementaire) ne doivent pas figurer dans le timbre comme référence juridique car ils n'ont aucun caractère légal. En revanche ces éléments sont potentiellement exploitables dans la rédaction finale. Au moins trois étapes sont indispensables pour donner un caractère définitif à une loi : le vote, sa promulgation et sa parution au journal officiel. Il faut même dire que parfois, une loi aura besoin d'un décret d'application pour être considérée comme « officielle ».

Voici schématisé le timbre, et il faut absolument respecter de façon scrupuleuse cette présentation matérielle :

Collectivité émettrice (Ville de... Service...) *Remarque : aucun nom de collectivité ni de service, existant ou fictif, autre que celui indiqué dans le sujet ne doit être utilisé sous peine d'annulation de la copie.*	Le (date de l'épreuve) *Remarque : la mention du lieu (déjà dans le timbre) n'est pas ici nécessaire. Un nom de lieu existant ou fictif non précisé dans le sujet pourrait constituer un motif d'annulation.*

NOTE

à l'attention de Monsieur (ou Madame) le (la).... (destinataire)

exemple : à l'attention de Monsieur le Directeur général des services

Objet (thème de la note)

Références : uniquement celles des principaux textes juridiques ou officiels fondant la note (cette mention est facultative)

Remarque : la prudence impose l'abandon de toute mention de signature afin d'éviter une rupture d'anonymat entraînant l'annulation de la copie. De même, aucun paraphe ne devra apparaître sur la copie.

Le barème de correction peut pénaliser faiblement le non-respect des règles formelles de présentation de la note, de même qu'une présentation négligée.

Et comme déjà évoqué, seules les références juridiques seront éventuellement mentionnées (ne pas notamment considérer une simple charte, un chiffre, une donnée statistique, une citation célèbre, une décision issue d'un conseil municipal, un « document » comme ayant un caractère juridique, etc.).

Autre précision : même si le timbre est réalisé sur une demi-page, voire une page entière, c'est à partir de l'introduction que le décompte du nombre des pages commence (5 pages minimum en moyenne, notamment pour les épreuves sans solutions opérationnelles).

Les trois principaux axes de l'introduction

L'introduction d'une note ou d'un rapport avec solutions opérationnelles comporte trois éléments essentiels et obligatoires : le contexte, la problématique et le plan adopté. L'absence d'un de ces trois éléments clés sera obligatoirement sanctionnée. À titre de rappel, l'introduction d'une note ou d'un rapport s'apparente à celle d'une « dissertation » littéraire. Vous devez donc fournir un effort pour réussir cette première étape essentielle car elle constitue une sorte de fondation de l'édifice. De sa solidité dépendra la stabilité et la rigidité de la bâtisse.

Le contexte

D'une manière générale, les candidats ont du mal à contextualiser la commande qui leur est faite. Le contexte est une sorte d'entrée en matière de la note. Il délimite le cadre général de la réflexion, dans quelle perspective le sujet peut être situé.

Deux types de contextes peuvent être établis :

- Un contexte externe
- Un contexte interne

Imaginons des sujets divers sur la simplification administrative, la mutualisation des services, la pollution. *A priori*, si l'on ouvre la réflexion en reprenant les mêmes termes, il sera alors difficile de contextualiser le sujet. Reprenons maintenant les choses en ordre : il est possible de contextualiser la simplification administrative par la dynamique de modernisation des services publics ; la mutualisation des services comme une des réalités concrètes de l'intercommunalité, de la décentralisation effective ou de la nouvelle politique en termes de mobilité professionnelle ; la pollution peut être prétexte à poser le cadre de la transition écologique. En clair, si un sujet (thème) porte sur la pollution, commencer l'introduction par la pollution pourrait donner lieu à la confusion thème/contexte.

Cela dit, il existe quatre grandes possibilités pour contextualiser un sujet ou un thème :

* L'énoncé des chiffres, statistiques, données clés, en liens avec le sujet : pourcentage de la délinquance, nombre total des chômeurs, des fonctionnaires, etc. Ils permettent par exemple de passer d'une réflexion globale pour entrer peu à peu dans le sujet qui consiste à réfléchir sur une problématique locale (collectivité, ville, commune).

* L'énoncé des données historiques : évolution d'une loi cadre, d'un environnement juridique, d'une réalité sociétale spécifique.

*La redéfinition notionnelle. Je prends l'exemple d'un sujet portant sur le mariage. Le contexte peut donner lieu à une redéfinition du mariage comme l'union possible entre deux personnes de sexe différent, ce qui n'était pas le cas dans sa conception traditionnelle. En revanche, s'il s'agit de définir le mariage comme l'union entre deux personnes de sexes différents, on ne parlera pas ici de contextualisation mais d'un simple amalgame thème/contexte. Je poursuis avec l'exemple sur la sécurité sociale. On peut contextualiser ce sujet en abordant les différentes approches de la sécurité : économique, administrative, stratégique, etc.

Pour faire une précision utile et complémentaire, il faut encore distinguer entre un thème et un sujet. Certes les deux peuvent se confondre en fonction de la commande, mais très clairement le thème est un vaste ensemble tandis que le sujet peut constituer un des éléments de cet ensemble. Je reviens sur les sujets qui porteraient sur la sécurité alimentaire, sociale, économique, des personnes et des biens, etc. Ils ont comme thème la « sécurité ». Parfois les candidats sont souvent pénalisés du fait qu'ils réfléchissent généralement en surface en parlant vaguement pour le cas d'espèce de « sécurité », alors que le sujet porte par exemple précisément sur la « sécurité alimentaire ». On se posera sans doute la question : « c'est quoi la différence ? » la réponse est simple : « on ne peut pas mettre sur le même diapason « sécurité des biens », qui relève du matériel, du périssable, et « sécurité des personnes », d'une haute importance, pour laquelle aucune erreur n'est permise.

*Le recours au contraste notionnel. Il s'agit du cas où pour introduire un sujet, on prend le contrepied notionnel, autrement dit, on procède par opposition des termes. Exemple réchauffement climatique par transition écologique ; simplification administrative par mille-feuille administratif ; nouvelles technologies (dématérialisation) par le fonctionnement ancien des administrations publiques qui repose entre autres sur la tradition papier.

La problématique

Formuler la problématique est la bête noire des candidats. Dans la majorité des cas, ils en font simplement l'impasse. Pour en parler, je commence par faire voir la différence substantielle entre « problème » et « problématique ».

Le problème permet de répondre à la question « oui » ou « non ». Dire par exemple « Le réchauffement climatique est-il une réalité ce jour » ? Deux réponses possibles : « oui » ; « non » ; conséquence c'est un problème et non une problématique. Or dans une note ou un rapport il ne s'agit pas de poser un problème, mais bel et bien une problématique.

La problématique est un « grand problème » qui peut générer des réponses plus ou moins complexes. Je conseille généralement aux candidats aux concours et examens de la formuler sous forme de réponse provisoire mais pas de façon interrogative (qui sied plutôt à des épreuves de composition). La raison en est simple, une note ou un rapport, on ne le dira jamais assez, est une commande publique. Le commanditaire attend effectivement des réponses claires et nettes. Les questions, il les a déjà posées. J'ai envie de dire, prosaïquement, le seul « chef, patron » qui pose les questions, c'est lui et lui seul, et vous êtes uniquement « un simple exécutant » chargé de lui apporter des réponses précises.

Pour formuler la problématique, la méthode de Lasswell est de toute évidence plus indiquée. C'est la voie la plus aboutie pour y arriver (j'y reviendrai).

Le plan à suivre

Le plan est l'élément le plus simple à réaliser dans l'introduction. Il doit suivre immédiatement la problématique. J'ajoute qu'une fois le plan articulé, il faut absolument passer à la première partie de la note ou du rapport. Attention, dans certaines copies, on voit la problématique apparaître après l'annonce du plan. Il ne faut surtout pas commettre cet impair grave. Aussi, il faut savoir que le plan doit se fonder sur la problématique. En clair en reprenant la problématique « identifier les acteurs clés du dialogue intercommunautaire », le plan pourrait être articulé en deux axes : i) Le maire comme personnalité ressource ; ii) Les citoyens au cœur de la politique gouvernementale. Parlant du deuxième exemple évoqué sur « les moyens efficients à mobiliser pour lutter contre le gaspillage énergétique », le plan à suivre pourrait porter tour à tour sur les moyens humains, économiques, techniques, etc. Je conseille aussi aux candidats de bien matérialiser le plan en mettant à la fin de chaque partie annoncée (I), (II). Si exceptionnellement le (III) est envisageable (mais déconseillé), il ne faut jamais aller au-delà.

Le développement

Chaque partie d'une note ou d'un rapport est composée de paragraphes. Le développement doit être le plus clair possible en termes argumentatifs et explicatifs. Tous les éléments développés doivent être justifiés par des éléments du dossier, le cas échéant. Un bon paragraphe doit comporter entre 10 et 15 lignes et doit respecter toutes les étapes du schéma argumentatif. Il est conseillé d'avoir recours à deux ou trois paragraphes par partie, avec la possibilité de construire en parallèle des sous-paragraphes. Les techniques pour mieux réussir son paragraphe nécessitent d'être vigilant sur les points suivants :

- Une ponctuation soignée ;

- Le balisage de l'argumentation par les mots clés ;

- La formulation des phrases courtes (30 mots maximum) ;

- La clarté du propos, c'est-à-dire qu'on doit faire une rédaction simple et bien maîtriser les expressions techniques. À titre d'illustration, il faut bien noter qu'un « contrat stipule », qu'une « loi dispose », qu'un « texte prévoit », qu'une « circulaire prescrit ».

Certains verbes sont également adaptés pour mettre en valeur sa rédaction : souligner, insister sur, noter, relever, faire ressortir, préciser. Pour exprimer des doutes, on peut utiliser les termes suivants : émettre des réserves ou traduire une préférence par : privilégier, faire prévaloir, favoriser, etc.

Pour marquer un accord, les verbes adaptés sont les suivants : confirmer, valider, approuver, et pour éviter le recours abusif au verbe « avoir », il existe des termes équivalents : bénéficier de, posséder, obtenir, se procurer, détenir. Le verbe « être » a aussi des équivalents intéressants : exister, se situer, se trouver, participer. Pour le verbe « faire » très usité dans la rédaction administrative, il existe aussi des substituts adaptés : réaliser, mener à bien, organiser, animer, exécuter, etc.

Il n'est pas non plus inutile de rappeler qu'il faut éviter toute posture tranchée, toute attitude partisane, extrême dans la rédaction. Il importe de se montrer plutôt à chaque fois prudent, sans verser forcément dans une forme de conciliation béate et inopportune : « il semble que ; il apparaît que ; il importe de ; il y a lieu de ; il convient de ; il semble opportun ou inopportun de, etc., seront dès lors des formules les mieux indiquées.

D'un autre point de vue, la précision du vocabulaire doit l'emporter sur toute envolée à caractère « littéraire » ou « philosophique ». Il est donc impératif de garder de bout en bout la neutralité nécessaire. Par ailleurs, les tournures impersonnelles sont à privilégier : « il est à relever que les compétences du département dans ce domaine sont limitées ».

Par ailleurs, on doit penser à placer les mots importants en tête de phrase, privilégier la voie active et ne pas abuser ni du participe présent, ni du gérondif. Aussi, il convient de se rappeler que dans un paragraphe il s'agit de développer une idée et une seule, articulée en sous-idées comme énoncé dans le schéma argumentatif.

Il est enfin conseillé de ne pas oublier les phrases de transition lorsqu'on veut passer d'une partie à une autre ou d'un paragraphe au suivant.

La conclusion

La conclusion est facultative, dans le cadre de la rédaction d'une note ou d'un rapport. Néanmoins, dans le cas où il est prévu de l'insérer dans la rédaction, elle doit comporter deux articulations.

D'une part, il s'agit de faire un récapitulatif de la commande, en rappelant le sujet ou l'objet, les points clés qui ont été traités, les axes majeurs qui ont été privilégiés, etc. D'autre part, il faut *a minima* revenir sur une idée qui a fait tache d'huile, une piste qui pourrait émerger finalement, dans le cadre des pistes envisagées par rapport à la question centrale exposée dans la commande. Il faut en revanche s'abstenir d'ouvrir une sorte de débat, d'aller plus loin que la commande qui doit être circonscrite dans le temps et l'espace. En clair, ne pas prendre le risque de transformer la note ou le rapport, qui reste une commande publique, en tribune de réflexion à caractère personnel.

Exemple d'application :

EXAMEN PROFESSIONNEL D'AVANCEMENT DE GRADE D'ASSISTANT TERRITORIAL DE CONSERVATION DU PATRIMOINE ET DES BIBLIOTHÈQUES PRINCIPAL DE 1ère CLASSE SESSION 2018 SPÉCIALITÉ : DOCUMENTATION

Sujet :

Vous êtes assistant territorial de conservation du patrimoine et des bibliothèques principal de 1ère classe, en charge du service Documentation de la commune de Cultureville. Votre commune est intégrée à un EPCI (établissement public de coopération intercommunale) dans lequel un autre service de documentation existe. Un projet de mutualisation est souhaité par les élus, qui veulent également que le service rendu aux usagers reste au moins équivalent à son niveau actuel.

La responsable du pôle information-communication vous demande de rédiger à son attention, exclusivement à l'aide des documents joints, une note relative à la mutualisation des services de documentation.

Liste des documents :

Document 1 : « Le CNFPT : une veille mutualisée » - *Archimag, guide pratique n° 56* - Novembre 2016- 1 page

Document 2 : « L'Afpa mutualise sa veille » - *Archimag, guide pratique n° 56* -Novembre 2016 - 1 page

Document 3 : « Mutualisation de centres de documentation : retour d'expérience » -C. Baude, S. Marguerin, I. Fiévet - *Documentaliste, sciences de l'information* - Avril 2013 - 5 pages

Document 4 : « Mutualiser : pourquoi ? Les objectifs » - C. Baude, F. Bardet, S. Marguerin - *Information, données et documents* - 2015/3 - 2 pages

Document 5 : « Mutualiser : quels résultats ? Analyses » - C. Baude, F. Bardet, S. Marguerin - *Information, données et documents* - 2015/3 - 2 pages

Document 6 : « Points-clés pour une mutualisation réussie » - O. Giraud, S. Ranjard - *Information, données et documents* - 2015/3 - 1 page

Document 7 : « Mémento » - Mutualiser les pratiques documentaires : bibliothèques en réseau (extrait) - Sous la direction de J. Pouchol - *Presses de l'Enssib* -Novembre 2016 - 3 pages

Document 8 : « Conduire le changement en réseau : la trousse du mutualiste» -Mutualiser les pratiques documentaires : bibliothèques en réseau (extrait)- Sous la direction de J. Pouchol - *Presses de l'Enssib*- Novembre 2016 -3 pages

Document 9 : *« L'information santé en fusion »* - E. Le Ven - *Archimag n° 309* -Novembre 2017 - 2 pages

Pour l'introduction :

Contexte : optimisation administrative dans une logique de réalisation des économies d'échelle ; rapprochement des territoires pour une meilleure gestion des ressources humaines et financières ; réduction budgétaire ; tension de trésorerie ; non remplacement d'un fonctionnaire sur deux qui va à la retraite, qui altère de façon significative la qualité du service public, etc.

Problématique : elle est plutôt ouverte puisqu'il est question de réaliser une note relative à la mutualisation des services de documentation. Je reviendrai dans les pages suivantes sur les techniques de formulation de la problématique.

Annonce du plan : potentiellement à réaliser en deux parties : i) les grands enjeux de la mutualisation des services ; ii) Les grandes modalités de sa mise en œuvre dans une démarche réussie.

Plan semi-détaillé

I- Les grands fondements de la mutualisation des services

A) Une réorganisation nécessaire des institutions républicaines

B) Une volonté manifeste de promouvoir le système de réseaux du point de vue professionnel

C) Une transition administrative tout de même encore incertaine

II- Le choix fort d'une gouvernance emblématique dans une logique intercommunale

A) Se baser de façon optimale sur les expériences concluantes en matière de mutualisation de service

B) Donner sens à une concertation systématique pour se prémunir de toutes dérives inopportunes

C) Veiller clairement à proposer au public une documentation de qualité

En conclusion :

Deux points essentiels : après le rappel synthétique des fondements de la mutualisation des services, insister notamment sur son caractère vital qui répond à la logique d'une nouvelle dynamisation du service public frappé de plein fouet par une réduction significative des moyens de l'État et des collectivités territoriales.

Présentation sommaire de la méthode de Lasswell dans le cadre de la problématisation et de la planification efficiente d'une note ou d'un rapport avec solutions opérationnelles

La méthode de Lasswell est sans doute la méthode la plus complète, universelle, consensuelle pour établir une problématique. Elle est composée de sept items : QQOQCCP (qui, quoi, où, quand, comment, combien, pourquoi). Voici détaillé l'ensemble des items liés au modèle de Lasswell :

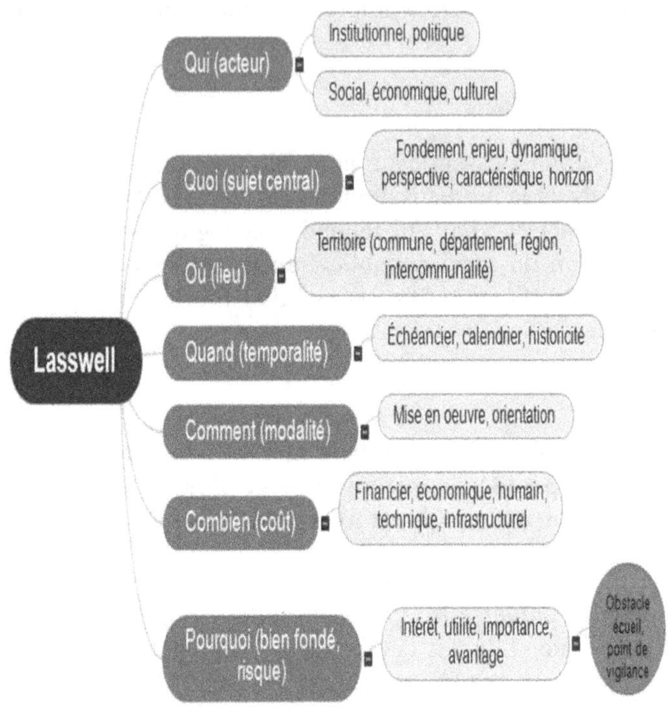

Si dans un sujet, on veut parler des acteurs, dans le cadre du dialogue intercommunautaire : la problématique pourrait consister à « identifier les personnes ressources de cette dynamique sociale » au lieu de dire « quels (qui) sont les acteurs clés ?) ; s'il s'agit de parler des ressources dans le cadre de la lutte contre le gaspillage énergétique, on pourrait problématiser la commande de la manière suivante, sous forme de réponse provisoire : « mobiliser toutes les ressources nécessaires pour atteindre les objectifs ciblés » au lieu éventuellement de « quelles sont les ressources nécessaires à mobiliser pour atteindre les objectifs ciblés? ». En cas de difficulté à formuler une problématique sous forme de réponse provisoire, on peut toujours le faire sous forme de question. Mais il faut éviter d'en poser plusieurs (une seule en principe suffit). Attention par ailleurs à poser une question ne répondant pas directement aux termes de la commande.

La hiérarchie des normes

Rédiger une note ou un rapport avec solutions opérationnelles implique notamment d'avoir la pleine mesure de la hiérarchie des normes.

Il existe d'une manière générale i) les normes supra législatives : la constitution, les traités/accords internationaux ; ii) les normes législatives : la loi référendaire, la loi organique, la loi ordinaire et les ordonnances ; iii) les normes infra législatives : les décrets et arrêtés (en fonction de leur auteur), les décisions jurisprudentielles et les circulaires.

Il est bon de savoir que les normes sont hiérarchisées selon leur position sur la pyramide. Ainsi il faut les citer en respectant cet ordre hiérarchique : constitution, traité, loi, décret, etc.

En guise de rappel, dans le cadre de la rédaction de la note ou du rapport, il n'est pas indiqué de citer un projet de loi (initiative du gouvernement) ou une proposition de loi (initiative des parlementaires) comme référence juridique. Il en est de même pour toute décision prise lors d'une assemblée délibérante qui ne peut être officialisée que par un arrêté ou une circulaire, après éventuellement le contrôle de légalité. Pour qu'une loi soit actée et considérée comme étant applicable, elle doit être votée, promulguée et faire l'objet d'une parution au journal officiel. Pour certaines lois spécifiques, qui contiennent par exemple une clause stipulant la parution du décret d'application pour être opérationnelles, tant que ce décret n'est pas signé, elles resteront *a priori* caduques.

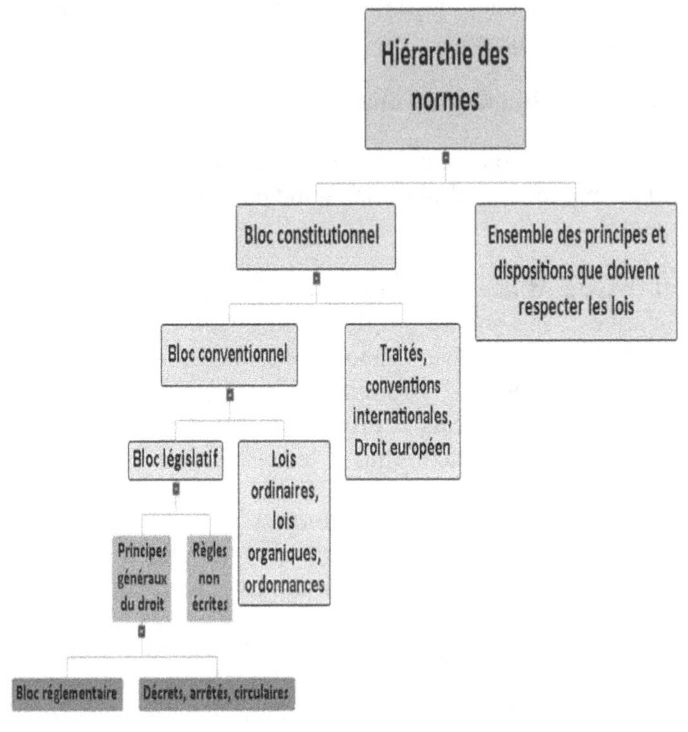

Pour mieux comprendre les termes relevant de la hiérarchie des normes, il faut noter que les lois organiques sont directement issues des dispositions constitutionnelles alors que les lois ordinaires sont celles qui sont votées régulièrement par les parlementaires. De même, les ordonnances relèvent de la compétence du président de la république.

Parlant des principes généraux du droit, ils peuvent être définis comme des règles non-écrites de portée générale qui ne sont formulées dans aucun texte mais que le juge considère comme s'imposant à l'administration et à l'État et dont la violation est considérée comme une atteinte au droit. Il s'agit notamment des cas de vide juridique où un juge peut être amené à trancher une affaire en prenant une décision non prévue de façon explicite dans le code civil ou pénal.

Par ailleurs, si les décrets sont de la compétence du président de la République et du Premier ministre, les arrêtés peuvent être l'initiative des ministres et assimilés, autorités préfectorales et élus territoriaux.

Bref, pour la présentation des références dans le timbre, l'ordre suivant sera impérativement suivi :

Les principaux types de plan à mobiliser dans le cadre d'une note de synthèse ou d'un rapport avec solutions opérationnelles

Le plan inventaire

Le type de plan dont il est question ici concerne surtout la note de synthèse. Dans le type de sujet proposé, il s'agit simplement de se limiter aux faits, d'essayer de faire un ensemble de constatations générales sur la nature du problème posé dans la commande. Si cette dernière porte sur l'insécurité au sein d'une collectivité, il s'agira notamment de présenter la situation au plan social, économique, éducatif, politique, culturel, humain, social, etc.

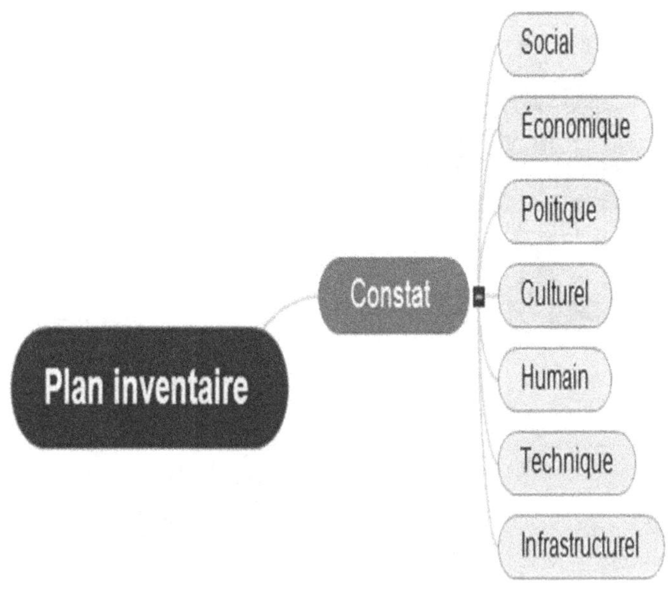

Exemple d'application :

CONCOURS INTERNE ET TROISIEME CONCOURS DE TECHNICIEN TERRITORIAL SESSION 2018, EPREUVE DE RAPPORT TECHNIQUE : SPECIALITE AMENAGEMENT URBAIN ET DEVELOPPEMENT DURABLE

Sujet :

Vous êtes technicien territorial au sein du pôle aménagement urbain et développement durable de la commune de Techniville (70 000 habitants).

Constatant l'augmentation de la part des personnes âgées au sein de la population, le maire souhaite faire évoluer sa politique d'urbanisme pour mieux prendre en compte leurs besoins en matière d'habitat et d'aménagement urbain.

Votre directrice de pôle vous demande de rédiger à son attention, exclusivement à l'aide des documents joints, **un rapport technique sur l'incidence du vieillissement de la population sur l'aménagement de la ville.**

Liste des documents :

Document 1 : « La Loi relative à l'adaptation de la société au vieillissement » (extraits)

– Dossier de presse – Ministère des Affaires sociales, de la Santé et des Droits des femmes – Janvier 2016 - 3 pages.

Document 2 : « Volet 2 : adaptation de la société au vieillissement » (extrait de la LOI n° 2015-1776 du 28 décembre 2015 relative à l'adaptation de la société au vieillissement – *Journal officiel de la République française* – 29 décembre 2015 – 4 pages

Document 3 : « Les aménagements facilitateurs » (extrait de « Marche. Mieux accueillir les piétons âgés dans l'espace public – Recommandations d'aménagement ») – Isabelle Pereyron – Cerema – fiche n° 02 –Collection Connaissances – Novembre 2016 – 9 pages

Document 4 : « Habitat favorable au vieillissement – La démarche rennaise » (extraits) – *Rennes.fr* – Octobre 2014 – 4 pages

Document 5 : « Mobilité urbaine et déplacements : les aînés aussi » (extrait) – *Intranet de la Ville de Rennes* – Pixel n° 52 – Septembre 2017 – 1 page

Document 6 : « Personnes âgées – Paris adopte un plan Seniors 2017-2021 et devient une ville amie des aînés » – Jean-Noël Escudié – *Caisse des dépôts des territoires* – 13 juin 2017 – 2 pages

Document 7 : « Penser la ville pour les personnes âgées » – Isabelle Raynaud –*La Gazette.fr* – 8 novembre 2017 – 2 pages

Comme on peut le voir dans cette commande, ce qui est demandé aux candidats porte exclusivement sur un travail d'inventaire de la situation décrite, à savoir l'incidence du vieillissement de la population sur l'aménagement de la ville. Il n'est point question de s'intéresser aux solutions pouvant découler des différents axes qui seront identifiés. En clair, en observant rapidement la liste de documents, le rapide parcours des éléments mentionnés laisse entrevoir des supports qui peuvent être classés d'un point de vue juridique (doc. 1 & 2) ; infrastructurel et technique (doc. 3, 5 & 7) ; humain et social (doc. 4 & 6).

Le plan diagnostic

Le plan diagnostic va plus loin que ce qui peut être développé dans un plan « inventaire ». Il ne se limite pas à un simple état des lieux de la situation. Dès lors, il s'agira de creuser davantage en essayant de comprendre le pourquoi du comment par rapport à une situation donnée. Il permet notamment de partir des faits précis pour envisager les causes et conséquences possibles associées.

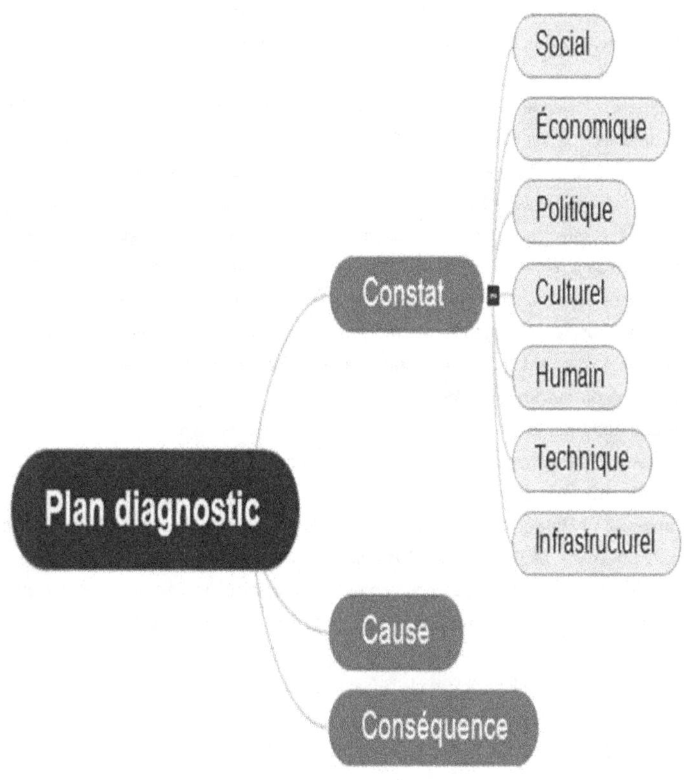

Exemple d'application :

CONCOURS TECHNICIEN TERRITORIAL CONCOURS INTERNE ET DE TROISIEME VOIE, SESSION 2016, SPECIALITE : BATIMENTS, GENIE CIVIL

Sujet :

Vous êtes technicien territorial au sein de la commune de Techniville et rattaché à la Direction des bâtiments. La commune compte 30 000 habitants et possède un patrimoine immobilier important qui comprend des bâtiments anciens et récents et reste hétérogène du point de vue des diverses contraintes réglementaires (sécurité, accessibilité, performance énergétique, etc...), des critères architecturaux (bâtiments récents et fonctionnels, etc...) et de leur utilisation (mairie, écoles, logements, bâtiments techniques...). La direction des bâtiments a été contactée pour mener à bien un bilan de l'état de son parc immobilier.

Votre Directeur vous demande de rédiger à son attention, exclusivement à l'aide des documents joints, **un rapport technique sur les enjeux du recensement et des diagnostics du patrimoine bâti.**

Liste des documents :

Document 1 : « Patrimoine Immobilier : subir ou agir ? » – *La lettre du cadre territorial n° 442* – 1er mai 2012 – 4 pages

Document 2 : « Marges de manoeuvre ; Gérer plus efficacement son patrimoine immobilier » – Claire Chevrier – *La Gazette des Communes n° 2173* – 13 mai 2013 – 2 pages

Document 3 : « Un ingénieur pour améliorer la qualité de l'air intérieur des bâtiments municipaux » – Alexandra Caccivio – *La Gazette des Communes n° 2223*– 26 mai 2014 – 2 pages

Document 4 : « #accessibleatous » – *Feuille d'information du site gouvernemental www.accessibilite.gouv.fr* – octobre 2014 – 2 pages

Document 5 : « Retour sur l'amiante » – Jean Paul Stéphant – *Techni.cités n° 193* – 8 au 23 juillet 2010 – 2 pages

Document 6 : « Bâtiment : le long chemin vers un patrimoine sobre en énergie » –Fabienne Nedey – *Le courrier des maires et des élus locaux n° 252* – 1er décembre 2011 – 1 page

Document 7 : Article L 271-4 du Code de la construction et de l'habitation – 1 page

Document 8 : Articles R 123-2 à R 123-11 du Code de la construction et de l'habitation – 2 pages

Document 9 : « Comment optimiser la gestion de son patrimoine » – Frédéric Gaydre– *Techni.cités n° 258* – 8 novembre 2013 – 2 pages

Document 10 : « Le diagnostic technique du bâti » – *Grille d'évaluation de la dégradation du bâti de l'Agence Nationale de l'Habitat* – Novembre 2010 – 4 pages

Le plan à résolution de problèmes

Certains sujets, y compris dans le cadre d'une simple note de synthèse, permettent d'envisager des possibles solutions face à un problème posé dans la commande. Dans ce cas, il s'agit de se limiter strictement aux solutions proposées dans le dossier s'il s'agit d'une note simple. En revanche, pour le rapport avec solutions opérationnelles, dans la première partie, les solutions vont concerner également celles déjà formulées dans les documents. En revanche dans la partie 2, il sera indiqué de proposer de nouvelles solutions pouvant relever d'une inspiration personnelle.

Exemple d'application :

CONCOURS EXTERNE, INTERNE ET DE 3EME VOIE D'ASSISTANT TERRITORIAL DE CONSERVATION DU PATRIMOINE ET DES BIBLIOTHEQUES, SESSION 2019, SPECIALITE : MUSEE

Sujet :

Vous êtes assistant territorial de conservation du patrimoine et des bibliothèques au sein du service des publics du musée de la ville de Cultureville (150 000 habitants). Une étude récemment menée par votre service a fait apparaitre que la majorité des personnes ayant fréquenté le musée dans l'année sont des primo-visiteurs, la part des personnes fréquentant régulièrement l'établissement étant relativement faible. Face à ce constat, le directeur du musée vous demande de rédiger à son attention, exclusivement à l'aide des documents joints, une note sur la fidélisation des publics des musées.

Liste des documents :

Document 1 : « Fidélisation » (extraits) - Daniel Jacobi, Laure Marchis-Mouren Publictionnaire - Avril 2017 - 2 pages

Document 2 : « Oublier le "tout public" ? De la motivation à la fidélisation des publics » (extraits) - Cyril Leclerc - Culture-communication.fr - 29 janvier 2016 - 4 pages

Document 3 : « Nîmes : des nouveaux pass à tarifs réduits pour les musées »- Lagazettedenimes.fr -7 juillet 2018 - 1 page

Document 4 : « Méthodes et outils » (extraits) - Fidéliser ses publics : stratégies, méthodes et outils - Finistère Tourisme - 2016 -6 pages

Document 5 : « Des publics à fidéliser » (extraits) - Projet scientifique et culturel du Musée de Bretagne - Musée de Bretagne - Juin 2016 - 3 pages

Document 6 : « Publics et musées : de nouveaux rapports culturels ? » - L'Ami de musée n°46- Septembre 2014 - 2 pages

Document 7 : « Découvrez la sélection des plus beaux clichés du musée réalisés par la communauté #igersLille ! » - Palais des Beaux-Arts-Lille, Ville de Lille - 1 page

Document 8 : « Comment un musée peut-il fidéliser son public ? Le Dallas Art Museum montre la voie » (extraits) -Communic'art.fr - Avril 2014 - 1 page

Document 9 : « Musées : séduire, fidéliser, convaincre » - Culture.gouv.fr – Juin 2017 - 2 pages

Document 10 : « La gestion de la relation client à la RMN-GP» - Culture et recherche n°134 - Hiver 2016-2017 - 1 page

Le sujet de la commande et le sommaire montrent qu'il faut sans doute aller plus loin encore, par rapport à un simple état des lieux ou diagnostic. Une note sur la fidélisation des publics des musées impose *a minima* d'évoquer des axes de solutions possibles pour rendre cet objectif atteignable. Le document 3 suggère notamment la piste financière, avec la mise en place des pass à tarifs réduits. Quant au document 4, il énonce quelques stratégies, méthodes et outils appropriés. Le document 8 donne également des indications pertinentes en termes de solutions à mobiliser.

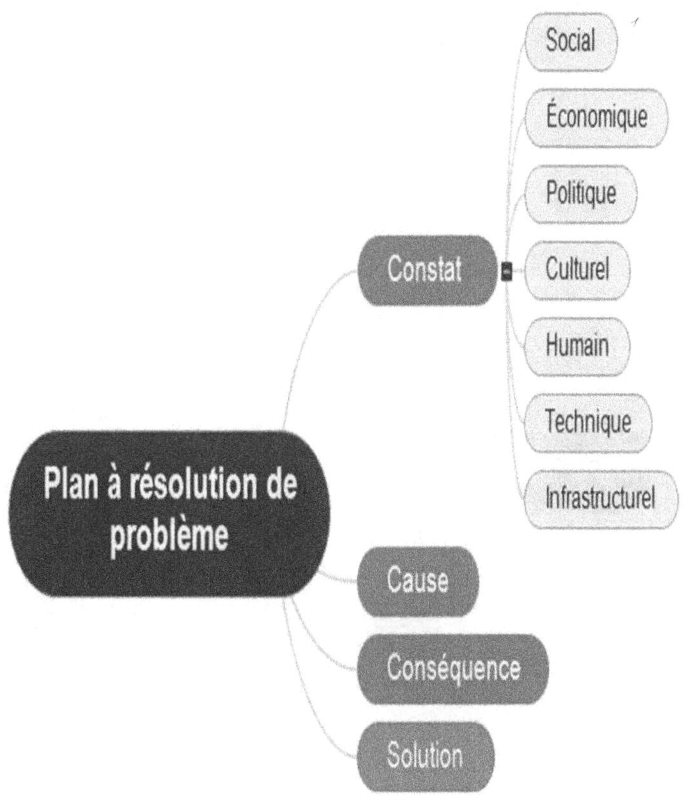

Le plan modulaire

Il s'agit d'un plan assez complexe mais digne d'intérêt. L'objectif de ce type de plan est de partir d'une situation précise pour établir un même fil conducteur permettant d'identifier par exemple de façon concomitante les problèmes, causes, solutions, avantages, écueils y afférents. Dans les autres types de plans, une seule partie ou sous-partie donne l'occasion de lister tous les problèmes soulevés, une autre d'envisager les causes, une autre encore de notifier les conséquences, ainsi de suite. Or avec le plan modulaire il est possible de coupler les axes problèmes-causes-conséquences dans une même rubrique, d'où l'expression « modulaire ». En voici un aperçu :

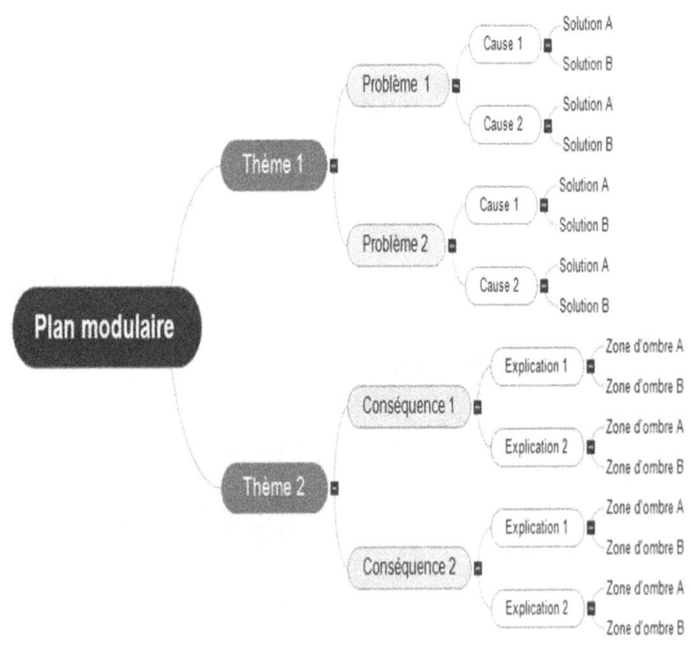

Exemple d'application :

CONCOURS EXTERNE INGENIEUR TERRITORIAL, SPECIALITE : PREVENTION ET GESTION DES RISQUES, SESSION 2015

Sujet :

Vous êtes ingénieur territorial, chargé de mission « risques majeurs » dans la commune d'INGE.

La réalisation d'un site sous-terrain de stockage de déchets radioactifs a fait de la commune une zone de transit pour leur transport. D'autres matières dangereuses pourraient également transiter par les axes routiers départementaux et communaux.

Dans un premier temps, le directeur des services techniques vous demande de rédiger à son attention, exclusivement à l'aide des documents joints, une note sur le transport de matières dangereuses et radioactives. 8 points

Dans un deuxième temps, il vous demande d'établir un ensemble de propositions opérationnelles permettant de prendre les mesures nécessaires en cas d'accident de transport de matières radioactives sur l'axe routier traversant la ville. 12 points

Liste des documents :

Document 1 : « Risque nucléaire - Transport de matières dangereuses. » (extraits) - mémento du Maire – *mementodumaire.net* - Février 2014 - 5 pages

Document 2 : « Étude sur les flux de transport de substances radioactives à usage civil » - *asn.fr* – Août 2014 - 6 pages

Document 3 : « Nature des risques liés aux principaux types de matières transportées. Arrêté préfectoral portant approbation du plan de secours spécialisé, transports de matières radioactives (extrait) »- *Préfecture des Bouches du Rhône* - Février 2006 - 1 page

Document 4 : « Faire progresser la sûreté nucléaire et la radioprotection : le transport des substances radioactives en France. Le rôle et la responsabilité de chacun des acteurs. Les actions de l'ASN dans le domaine des transports. » - *asn.fr* - 8 pages

Document 5 : « Le contrôle des transports de matières radioactives » - *Revue Contrôle n°174* - Février 2007 - 5 pages

Document 6 : « Les distances de sécurité et mesures de protection des populations. Arrêté préfectoral portant approbation du plan de secours spécialisé, transports de matières radioactives (extrait) »- *Préfecture des Bouches du Rhône* - Septembre 2006 - 4 pages

Document 7 : « Révision des plans de secours spécialisés relatifs aux transports de matières nucléaires, radioactives et fossiles » - *Instruction interministérielle* - 23 janvier 2004 - 5 pages

En pratique, la réalisation d'un plan modulaire pour ce sujet conduira à cette piste probable :

❖ Le cadre juridique. Il s'agit de présenter de façon hiérarchique et associative les différents cadres légaux qui sous-tendent le transport des produits dangereux.

- Le bloc conventionnel concerne notamment l'accord européen relatif au transport international des marchandises dangereuses par route signé à Genève le 30 septembre 1957.
- Le bloc législatif repose sur sa ratification par la loi française.
- Le bloc réglementaire porte à la fois sur le décret n°60-794 du 22 juin 1960 et sur l'arrêté du 1er juin 2001 (dit arrêté « ADR »), qui réglemente les transports par route.

Il en découle le schéma suivant :

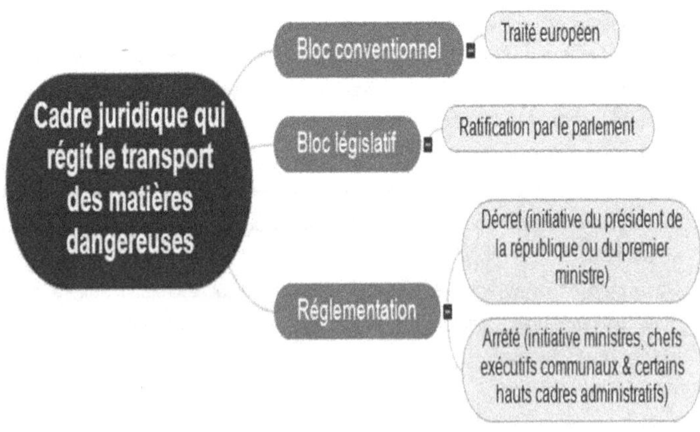

❖ Nature des matières transportées, canaux de transports et textes applicables.

- Formes liquides (hydrocarbures, chlore, propane, soude) ; solides (explosifs, nitrate d'ammonium).

- Voies empruntées et base légale : route (arrêté TMD du 29 mai 2009 Règlement ADR) ; voie ferrée (arrêté TMD du 29 mai 2009 Règlement RID) ; voie fluviale (arrêté TMD du 29 mai 2009 Règlement ADNR) et maritime (Règlement Local Recueil BLU*). Schématiquement, il se dégage la figure ci-après :

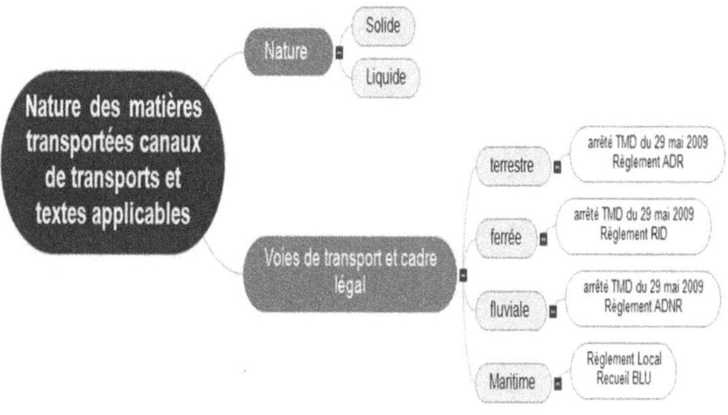

❖ Secteurs activités, exemples de produits transportés et d'établissements concernés

- Industrie nucléaire-Combustibles neufs ou usés-Installations du cycle du Combustible.

- Santé-Produits radio pharmaceutiques-Fournisseurs de sources.

- Contrôles techniques-Appareils de détection de plomb-Entreprises de diagnostic immobilier ou de gammagraphie.

- Industrie non nucléaire-Sources scellées utilisées pour des irradiateurs ou des appareils de contrôle de paramètres physiques-Fournisseurs de sources.

- Recherche non nucléaire-Sources non scellées utilisées comme traceurs radioactifs-centres de recherche.

Cette figure peut ainsi être proposée :

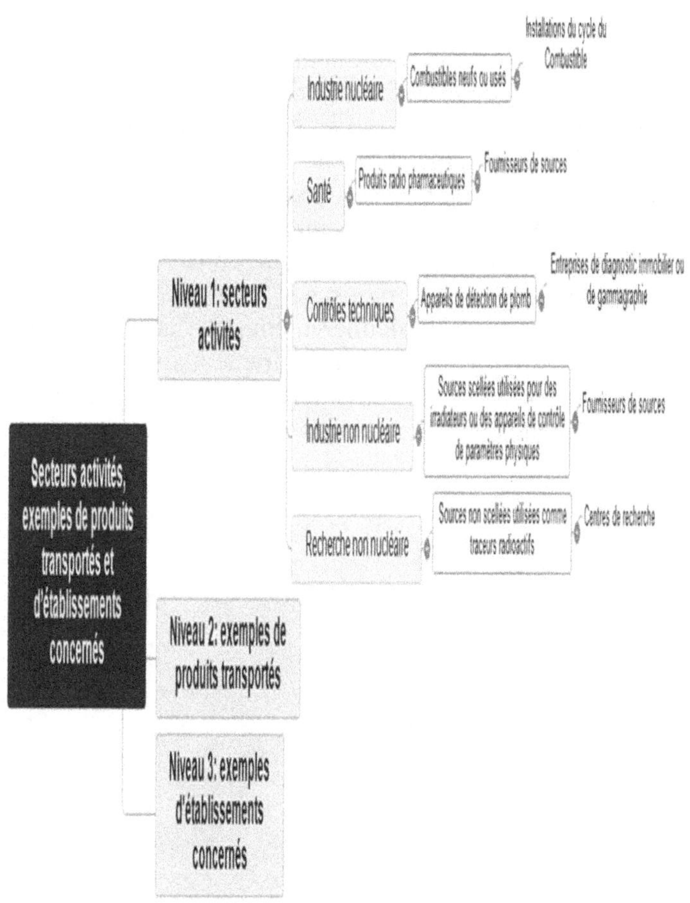

Ces trois pistes présentées, dans le cadre de la mise en place d'un plan modulaire, il importe de passer à une autre typologie pouvant être mobilisée.

Le plan juridique explicite

Dans la plupart des cas, une commande sera accompagnée de nombreux textes et références juridiques. Il peut s'agir d'un contexte assez spécifique où la mobilisation du cadre légal devient un impératif préalable pour rédiger la note ou le rapport. Certains sujets épineux peuvent imposer ce type de plan (port de signes religieux, immigration, communautarisme, radicalisation, etc.). La mise en avant du cadre juridique permet ainsi d'éviter toute posture polémique, partisane, idéologique, etc. Le plan juridique se distingue particulièrement dans la planification au niveau de titres ou sous-titres, contrairement aux autres types de plans où l'évocation du cadre légal se fera à l'intérieur du paragraphe même, et généralement en fin de démonstration.

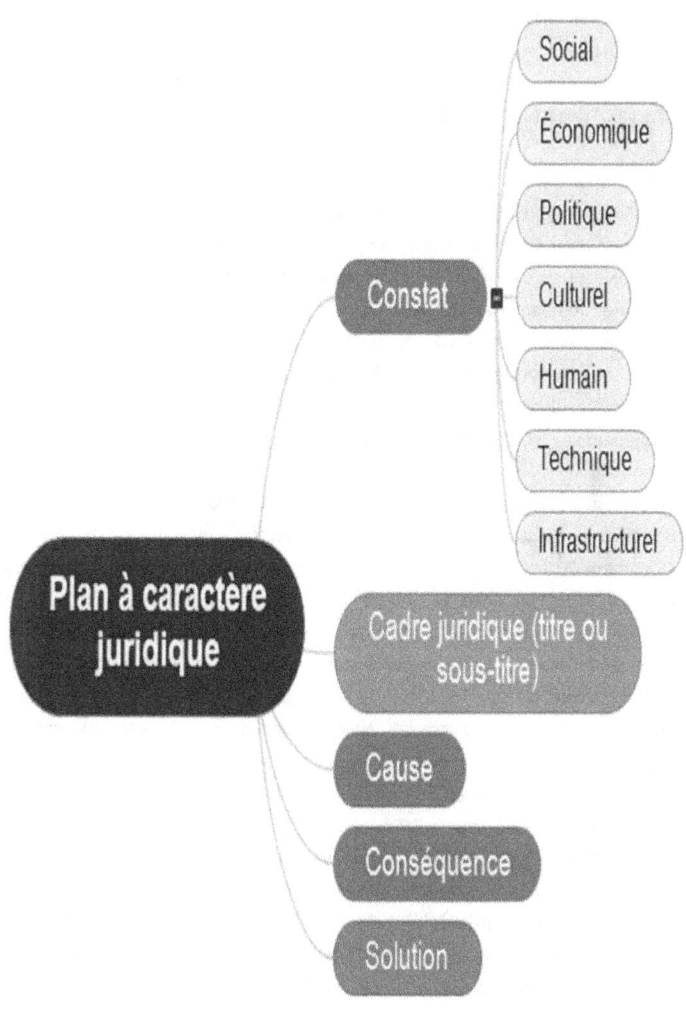

Exemple d'application :

CONCOURS INTERNE ET 3EME CONCOURS DE REDACTEUR TERRITORIAL SESSION 2017

SPECIALITE : DROIT PUBLIC EN RELATION AVEC LES MISSIONS DES COLLECTIVITES TERRITORIALES

Sujet :

Vous venez d'être nommé rédacteur territorial au sein de la direction des ressources humaines de la communauté d'agglomération d'Admiville.

Le président de la communauté souhaite réviser le règlement intérieur applicable au personnel de l'établissement public.

A cette fin, votre directrice vous demande de rédiger, exclusivement à partir des documents joints, une note synthétisant les apports de la loi du 20 avril 2016 en matière de déontologie.

Liste des documents :

Document 1 : « Analyse détaillée de la loi déontologie. Impacts statutaires - FPT » - portail.cdg35.fr - 10 octobre 2016 - 2 pages

Document 2 : « Rapport sur le projet de loi relatif à la déontologie et aux droits et obligations des fonctionnaires » (extrait) - A. Vasselle - senat.fr – 16 décembre 2015 - 2 pages

Document 3 : Loi n° 2016-483 du 20 avril 2016 relative à la déontologie et aux droits et obligations des fonctionnaires (extrait) - legifrance.fr - 3 pages

Document 4 : « L'entrée de la déontologie dans le titre Ier du statut général. Vers une meilleure prévention des risques dans la fonction publique ? » - E. Aubin -Actualité juridique Droit administratif n°26 - 18 juillet 2016 - 3 pages

Document 5 : « Loi "déontologie" : Mise en place de la procédure du lanceur d'alerte » - lagazette.fr - 28 novembre 2016 - 2 pages

Document 6 : « Rapport sur le projet de loi relatif à la déontologie et aux droits et obligations des fonctionnaires » (extrait) - F. Descamps-Crosnier - senat.fr -1er octobre 2015 - 1 page

Document 7 : « Le droit d'alerte : signaler, traiter, protéger » - (extrait) - Etude du Conseil d'État adoptée le 25 février 2016 - conseil-etat.fr - 2 pages

Document 8 : « L'entrée de la déontologie dans le titre Ier du statut général. Vers une meilleure prévention des risques dans la fonction publique ? » (Extrait) - E. Aubin - Actualité juridique Droit administratif n°26 - 18 juillet 2016 – 2 pages

Document 9 : « Mieux accompagner les fonctionnaires sur les problématiques de la laïcité » - A. Vovard - lagazette.fr - 4 mars 2015 - 1 page

Pour une note ou rapport avec plan juridique, la commande est toujours clairement énoncée et fait directement écho à l'un des aspects de la hiérarchie des normes. L'exemple évoqué consiste en ce sens à faire une note synthétisant les apports de la loi du 20 avril 2016 en matière de déontologie. Impossible donc d'esquiver la législation en matière de déontologie dans le choix des titres et des sous-titres à mobiliser.

Le plan juridique implicite

Pour certaines commandes, de façon indirecte, un plan juridique est souvent dicté aux candidats. Généralement, c'est la lecture du sommaire qui donnera un éclairage pertinent. En effet, dans ce cas, de nombreux titres de documents vont porter sur la constitution française, une convention ou un traité européen, une loi, un décret, un arrêté, une circulaire, etc. La forte présence de ces éléments juridiques ne saurait donc être négligée généralement quand il s'agit d'un sujet sensible, d'où le choix qui peut être porté sur un plan à vocation juridique. En clair, si dans un plan juridique explicite, la commande va l'imposer directement, dans un plan juridique implicite, c'est la lecture de la liste des documents qui va donner des indications sûres à ce sujet. Pour d'autres types de commandes, les références juridiques relèvent généralement de simples citations à l'intérieur des développements proposés par les auteurs de documents.

Exemple d'application :

CONCOURS INTERNE ET 3EME CONCOURS DE REDACTEUR TERRITORIAL, SESSION 2019

SPECIALITE DROIT

Sujet :

Vous êtes rédacteur territorial au sein du service de l'état civil de la commune d'ADMIVILLE.

La directrice générale des services vous demande de rédiger à son attention, exclusivement à l'aide des documents joints, une note sur les mariages de complaisance.

Liste des documents :

Document 1 : « Un questionnaire contre les mariages de complaisance » - C.Gabizon - lefigaro.fr - 21 octobre 2010 - 1 page

Document 2 : N° de pourvoi : 01-12574 - Audience publique du 28 octobre 2003 - Chambre civile 1 - Cour de cassation - legifrance.fr - 1 page

Document 3 : Circulaire CIV/09/10 relative à la lutte contre les mariages simulés - circulaires.gouv.fr - 22 juin 2010 - 7 pages

Document 4 : « Affaire Marcel Amphoux : Toujours pas d'héritage pour la veuve de "l'ermite des Alpes" » - 20minutes.fr - 12 mars 2017 - 1 page

Document 5 : Code civil (extraits) - legifrance.fr - 2 pages

Document 6 : « Il épouse la fille de sa compagne : mariage de façade ? » - sosconso.blog.lemonde.fr - 6 juin 2017 - 2 pages

Document 7 : « Décision contentieuse : mariage » - conseil-etat.fr - 16 juillet 2014- 1 page

Document 8 : « Ces mariages à l'épreuve de l'interrogatoire » - B. Barret - nordeclair.fr - 26 octobre 2016 - 2 pages

Document 9 : « Mariages blancs…de statistiques » - C. Daadouch - gisti.org -Juillet 2006 - 2 pages

Document 10 : Article 22 de la loi n° 2016-274 du 7 mars 2016 relative au droit des étrangers en France - legifrance.fr - 1 page

Document 11 : « Le maire se prend pour le shérif et a refusé de nous marier » - rue89lyon.fr - 11 juin 2016 - 2 pages

Document 12 : Article L623-1 du code de l'entrée et du séjour des étrangers et du droit d'asile- legifrance.fr - 1 page

Les documents juridiques, nombreux dans la commande, montrent bien qu'ils sont incontournables pour traiter le sujet. Je les ai soulignés à juste titre.

Les ultimes éléments formels déterminants pour rendre la rédaction d'une note ou d'un rapport plus efficiente

Les titres et sous-titres qualifiants

Les titres et les sous-titres doivent être précis et adaptés. Leur formulation doit permettre dans la mesure du possible une meilleure appréhension du développement qui va suivre. Il faut éviter absolument de construire ces titres et sous-titres en utilisant les points d'interrogation et/ou d'exclamation. Les premiers situent dans une posture d'incertitude, or le commanditaire est supposé attendre des réponses appropriées. Les seconds traduisent presque un état d'âme qui peut être la colère, l'enthousiasme or l'exigence de neutralité est de mise dans la rédaction d'une note ou d'un rapport.

Il existe tout un florilège connu de titres et sous-titres complètement manqués. Des fois, il s'agira de titres fantaisistes ou sensationnels (ex : la mondialisation comme véritable gangrène des sociétés modernes ; les services publics en agonie ; l'État champion de la démagogie) ; trop généraux (ex : les collectivités territoriales) ; trop courts ou banals (ex : le constat ; les acteurs ; les causes ; les chiffres, les conséquences, les solutions, les outils, la méthodologie, etc.).

Pour réussir ces titres et sous-titres, plusieurs techniques peuvent être mobilisées :

Le recours aux caractérisants

L'adjectif qualificatif

L'utilisation d'un adjectif qualificatif est la technique minimale pour donner à un titre ou un sous-titre un caractère qualifiant et précis. Elle ne demande pas d'effort soutenu. Ex : une loi importante (mentionner seulement « la loi » comme titre ou sous-titre sera à juste titre considéré comme un titre/sous-titre non qualifiant).

Le complément de nom

La structure du complément du nom se présente comme suit : nom + préposition + nom. Ex : des personnes de qualité à mobiliser.

Le recours aux deux-points

C'est une technique qui marche aussi très bien pour rendre un titre ou un sous-titre plus explicite et adapté. Ex : le déconfinement : une solution intéressante à privilégier à long terme.

Le recours à une forme conjuguée

Contrairement à ce qui est souvent entendu, il est possible d'utiliser un verbe conjugué pour formuler un titre ou un sous-titre. Aucun document de référence n'interdit formellement cette pratique. Simplement, le recours à une forme conjuguée peut donner lieu à une phraséologie plus longue. C'est la seule raison qui peut expliquer la réserve de certaines personnes averties qui rechignent à accepter des titres ou sous-titres avec des verbes conjugués. Par rapport à l'exemple « les collectivités sont au cœur de la lutte contre la délinquance juvénile », difficile de ne pas considérer cette formulation comme adaptée.

Le recours aux adverbes

Les adverbes sont également très intéressants pour faire des titres et des sous-titres appropriés. Ils sont très proches des adjectifs qualificatifs en termes de valeurs sauf qu'ils sont invariables. Ex : appliquer <u>effectivement</u> des réformes innovantes pour rendre la collectivité compétitive.

Le recours aux verbes infinitifs

Les formes infinitives s'avèrent très judicieuses pour faire des titres et sous-titres courts et succincts. C'est le principal avantage qu'on peut en tirer. Je fais ici un petit relevé des plus caractéristiques, sous forme tabulaire :

Agir	accomplir, effectuer, réaliser, établir, définir, intervenir, poursuivre, pratiquer
Améliorer	aménager, restaurer, embellir, rénover, optimiser, réhabiliter, revitaliser, restructurer, diversifier
Analyser	étudier, connaître, examiner, diagnostiquer, discerner, observer, s'intéresser, observer, clarifier, identifier, évaluer
Animer	stimuler, encourager, inciter
Augmenter	intensifier, étendre, amplifier

Budgéter	prévoir une ligne budgétaire
Convaincre	argumenter, persuader
Créer	inventer, innover, construire, concevoir, bâtir, édifier, développer
Décider	valider, déterminer, fixer, décréter, avoir pour conséquence, provoquer, entrainer, privilégier
Éduquer	former, instruire
Essayer	tenter, risquer
Informer	avertir, aviser, instruire, notifier, prévenir
Légiférer	réglementer, disposer
Organiser	prévoir, gérer, administrer, conduire, structurer, manager, diriger, coordonner, mettre en œuvre, conceptualiser
Planifier	prévoir, programmer, projeter, respecter les délais
Préserver	protéger, prémunir
Réprimer	sanctionner, punir, verbaliser, réprimander, modérer, contenir
Responsabiliser	impliquer, inclure, assumer la responsabilité

Se concerter	s'informer, enquêter
Sensibiliser	alerter, mobiliser
Subventionner	aider, soutenir, financer, bénéficier
Surveiller	contrôler, inspecter, vérifier
Susciter	motiver, aider, encourager, engendrer, entrainer, proposer, faciliter, favoriser, mobiliser

L'association de ces verbes avec des termes adaptés donnerait des titres et sous-titres des plus commodes :

Ex : inciter à la reprise économique ; valoriser l'existant ; mobiliser toutes les forces vives, favoriser le dialogue social, etc.

Les connecteurs logiques

La rédaction d'une note ou d'un rapport impose de facto une certaine organisation et structuration. Les connecteurs logiques sont l'une des clés de voûte pour ne pas tomber dans le piège de la présentation catalogue et du style télégraphique.

Pour commencer	D'abord D'une part Pour commencer En premier lieu Premièrement

	Au préalable D'entrée Avant tout
Pour continuer	Ensuite D'autre part En second lieu Deuxièmement En outre Bien plus Par ailleurs
Pour expliciter son propos	À cet égard, à ce sujet, à ce propos, c'est-à-dire En d'autres termes, autrement dit En fait, en effet Plus exactement Notamment
Pour introduire une hypothèse	En théorie, sans doute, si
Pour introduire une notion de but	Afin de, dans l'intention de

Pour introduire une notion de cause	Puisque, comme, à cause de, du fait que, du moment que, parce que, car
Pour exprimer une réserve	Toutefois, cependant, néanmoins, pourtant, mais, d'un autre côté, au contraire, dans la mesure où, en dépit de, malgré, au demeurant, en revanche, du reste, bien que
Pour exprimer une habitude	Généralement, fréquemment, d'ordinaire, communément, souvent
Pour introduire un exemple	Ainsi, pour ainsi dire, par exemple, tel, en l'occurrence, notamment,
Pour introduire une comparaison	Comme, tel que, ainsi, autant que, pareillement, de même que, de la même façon
Pour introduire une notion de temps	Au fur et à mesure, dès que, lorsque, quand
Pour introduire un degré d'importance	À titre principal, à titre exceptionnel À titre secondaire, accessoire, subsidiaire
Pour introduire une conséquence	Donc, par conséquent, en conséquence, dans ces conditions, c'est pourquoi
Pour conclure	Enfin, pour finir

	En dernier lieu En dernière analyse En fin de compte, finalement, en somme, pour terminer, somme toute

Les connecteurs reflètent la structure du raisonnement et son articulation logique. Les utiliser à bon escient permet de « fluidifier » le texte, d'introduire du liant entre les phrases et les paragraphes.

Maintenir un niveau de vigilance accru sur d'autres petits détails qui peuvent s'avérer décisifs dans l'appréciation finale

La gestion du brouillon

C'est un point important dans la gestion du temps. La question se pose de façon lancinante par les candidats : faut-il y recourir ou pas ?

Je conseille de rédiger au plus l'introduction mais en utilisant de façon systématique des abréviations. Il s'agit notamment de remplacer « administration centrale » par (AC) ; c'est-à-dire par (CAD), etc.

L'introduction doit effectivement être réussie et ne souffrir d'aucun impair ; c'est la vitrine, la porte d'entrée de la note ou du rapport. Tout grincement de dents du correcteur dès cette étape peut être inopportun.

Cela dit, il y a urgence d'être très économe en matière de gestion de temps. Dans une épreuve officielle, chaque seconde doit être optimisée, dans la mesure du possible. C'est souvent une véritable course contre la montre pour les candidats.

L'utilisation des sigles

Le recours aux sigles est bien encadré dans une note ou un rapport. Utilisés pour la première fois, ils doivent faire l'objet d'une définition complète. Et après, on n'aura plus à reprendre l'orthographe entière des termes correspondants. Par ailleurs, il est souvent conseillé pour les sigles de deux lettres de les rédiger en entier de bout en bout. Ex : collectivité territoriale. Mais rien de grave si l'on décide par la suite de remplacer par « CT ».

La maîtrise orthographique et grammaticale

Il s'avère important de procéder éventuellement à une remise à niveau avant la date de l'épreuve, notamment en matière de maîtrise de la langue. De nombres candidats, pourtant sérieux, ratent souvent leur concours ou examen en raison de leur niveau insuffisant en langue. Le Bescherelle est effectivement un document de référence pour surmonter les difficultés personnelles. Il s'agit aussi de ménager un petit temps de lecture au quotidien surtout pour les candidats longtemps éloignés de l'environnement d'apprentissage. Commettre potentiellement 10 fautes d'orthographe, c'est prendre le risque majeur de perdre 1 point, ce qui peut constituer une raison légitime pour ne pas faire partie des candidats admissibles puisque certains sont souvent recalés à cause d'un quart de point. Il faut donc prendre au sérieux la question de la maîtrise orthographique et grammaticale.

Les erreurs récurrentes à éviter

Je fais le choix ici de présenter sous forme tabulaire les erreurs que les candidats ont l'habitude de commettre lors des épreuves officielles. Elles sont loin d'avoir un caractère exhaustif. Ces erreurs peuvent faire perdre des points précieux dans le cadre des admissibilités :

Ne pas mettre d'accent avant deux consonnes	Ex : effectivement
Ne pas mettre d'accent à « a priori » « a postériori »	Ce sont des expressions latines
Ne pas mettre « introduction », ni « conclusion » quand on rédige la note ou le rapport	Informations inutiles
Éviter de multiplier les paragraphes	Pour chaque partie, deux ou trois, bien étoffés, peuvent être suffisants
Ne jamais annoncer le plan sous forme de question ; il en est de même quand on veut faire des transitions pour passer d'une partie à une autre, ou d'une sous-partie à une autre	Seule la problématique, au mieux, peut faire l'objet de questionnement
Dans le cadre de la conduite de projet, éviter la répétition parfois abusive de l'expression « solutions opérationnelles »	Il existe des termes équivalents : plan d'action, feuille de route, etc. Voici au passage une liste de termes pour varier

	de vocabulaire : amélioration, avancement, changement, optimisation cheminement, croissance, développement, devenir, dynamique, marche, métamorphose, modification, mouvement, mutation, processus, progrès, progression, réforme, transformation, transition, variation, nouvelles réformes
Pas d'éléments entre parenthèses dans les titres et sous titres	Le faire exclusivement dans le développement
Ne jamais utiliser « ainsi » « en effet », « parce que », après un titre ou un sous-titre	Formuler au préalable une idée précise car ce sont des connecteurs « explicatifs »
Après un titre ou un sous-titre, éviter d'avoir recours systématiquement aux adjectifs indéfinis : « ce », « ces », « cette », etc.	Privilégier plutôt le recours aux articles définis « le », « la », « les », qui donnent véritablement l'occasion de faire de vraies phrases intéressantes
Ne pas abuser de l'expression « cela » qui s'avère souvent très vague	Remplacer par « orientation », « piste », « stratégie », « vision », pour plus d'efficacité et de précision rédactionnelles

Interdiction formelle d'utiliser les tirets ou les autres puces	Connecteurs logiques impératifs
Éviter de trop évoquer la collectivité émettrice dans la partie I, surtout dans une note ou un rapport avec solutions opérationnelles	Penser plus à exploiter les informations issues du dossier
Commencer une phrase en citant directement une loi, un décret, etc., est à éviter.	Formuler au préalable l'idée qu'on va développer et après la loi, le décret, etc., pourraient servir à l'étayer
Pas de recours au «on », pronom impersonnel trop vague et qui ne désigne jamais « personne » Ex : on peut observer que…	Privilégier le « nous » ou les autres formules impersonnelles. Ex : il peut être fait état de…
Il faut écrire : « pallier un problème » et non « pallier à un problème » ; « de par » et non « de part »	En revanche, il faut écrire franchir un « palier » ; « de part en part »
Formule épistolaire à éviter surtout dans l'introduction : ne pas s'adresser directement au commanditaire en utilisant notamment le « vous »	En revanche dans la partie conduite de projet, possible de le faire et même d'utiliser le «je». La technique de rédaction de l'introduction de la note ou du rapport est la même que celle qui est utilisée dans le cadre d'une « dissertation ».

Pas d’énumération en début de phrase (d’abord, premièrement, etc.)	Formuler au préalable l’idée qu’on entend développer

Présentation d'une nouvelle méthode pour mieux réussir la note de synthèse ou le rapport avec solutions opérationnelles : le méta plan

Dans cette ultime étape de ma présentation, je vais parler de la méthode que j'ai mise en place dans le cadre de mes recherches et multiples activités de formateur, de consultant, etc. Je vais expliquer posément les choses pour que cette méthode novatrice soit mieux comprise et assimilée.

Esquisse définitionnelle

Le préfixe « méta » vient du grec *μετά* (après, au-delà de, avec, au-dessus de). Il évoque l'idée de changement, de modèle, de réflexion, etc. Il existe tout un ensemble de termes qui sont construits sur la base de ce préfixe : métadonnée, métaphysique, métalangage, métamorphose, etc.

En tout état de cause, et on l'aura compris, le métaplan est une sorte de plan qui se situe à un niveau hiérarchiquement supérieur, par rapport à un plan classique, jugé figé, immuable, voire stéréotypé. Pour mieux comprendre le mécanisme du métaplan, je vais me référer au jeu d'échecs. Chaque pièce est destinée à être déplacée selon une stratégie, une logique nouvelle, la position des autres pièces. Le mouvement des différentes pièces n'est donc pas décidé *a priori*. De même, par extrapolation, le but du métaplan est de permettre à partir d'un ensemble d'éléments (pièces), qui reposent sur trois grandes entrées que j'évoquerai dans les lignes suivantes, « de mettre en échec » toute difficulté de formulation de plan, dans le cadre de la note ou du rapport.

Les leviers clés du métaplan

Le métaplan repose sur trois socles structurants : les institutions/organisations, les acteurs et les ressources.

Les institutions

Les institutions peuvent être définies comme l'ensemble des entités qui regroupent les pouvoirs centraux (l'État, le gouvernement), les pouvoirs déconcentrés (préfecture) et les pouvoirs décentralisés (territoires). Elles ont vocation à durer dans le temps. Les institutions concernent également les pouvoirs exécutifs, législatifs et judiciaires. Il faut aussi ajouter des instances majeures comme le Conseil Constitutionnel, le Conseil d'État et l'administration, au sens large.

Les organisations

Contrairement aux institutions, même si les deux termes peuvent parfois se recouper, les organisations peuvent être limitées dans le temps. Une entreprise, une structure associative, un parti politique, n'ont pas vocation à être atemporels. Du jour au lendemain, ils peuvent tout simplement disparaître. Une organisation est donc avant tout un groupement social formé d'individus en interaction, ayant un intérêt commun, un but collectif ou partageant des valeurs et des idéaux propres.

Les acteurs

Il existe plusieurs types d'acteurs : les plus importants peuvent être considérés comme relevant de la sphère institutionnelle, c'est-à-dire détenteur d'un pouvoir régalien. Il s'agit notamment du président de la République, du Premier ministre, des préfets, des maires, etc. Quant aux autres types, il s'agit par exemple des acteurs sociaux, administratifs, économiques, politiques, culturels, civils, militaires, etc.

Les ressources

C'est l'ensemble de tout ce qui peut être mis en œuvre pour atteindre un objectif déterminé. On peut aussi réfléchir en termes de dispositif. Il permet notamment de décrire un mode de gouvernance et peut avoir une toile de fond politique, juridique, sociale, économique, sécuritaire, technique, éducative. Bref, le dispositif peut recouper des réalités diverses et variées. Plusieurs autres configurations terminologiques peuvent suppléer l'idée de dispositif : « mesures, orientations, stratégies, etc. ».

Ces précisions faites, en fonction du choix opéré, le métaplan peut prendre des formes spécifiques qui peuvent facilement s'adapter aux catégories qui constituent l'essentiel de son socle. Je répertorie ici les plus saillants :

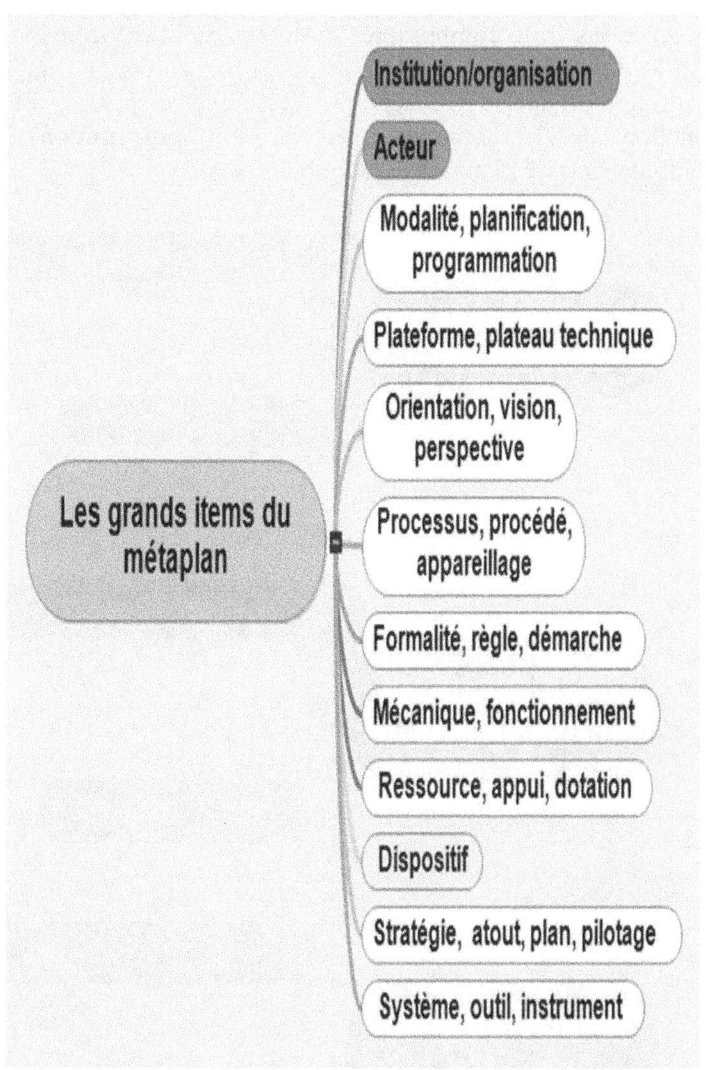

Il s'agit là des différents niveaux qui peuvent être mobilisés dans le cadre d'une note ou d'un rapport et sont autant des possibles titres et sous-titres pouvant constituer la première ou la deuxième partie de la rédaction de la commande.

Avec les trois composantes ci-dessus définies, le métaplan permet donc d'articuler toute note ou rapport autour du triptyque institution/organisation ; acteurs ; ressources/dispositif. Et en fonction de la commande et de son organisation, des combinaisons de plans variés sont possibles :

L'articulation opérationnelle entre la méthode de Lasswell et le métaplan

En pratique, si le modèle de Lasswell permet de faire une lecture précise de la commande en termes de problématique et d'exploiter les premiers éléments issus du sommaire, le métaplan se déploie par le biais de l'exploration des principaux documents issus du dossier. Avant de montrer sur pièces son fonctionnement concret en analysant de nouveau un sujet officiel, voici comment s'opère schématiquement son association avec la méthode de Lasswell :

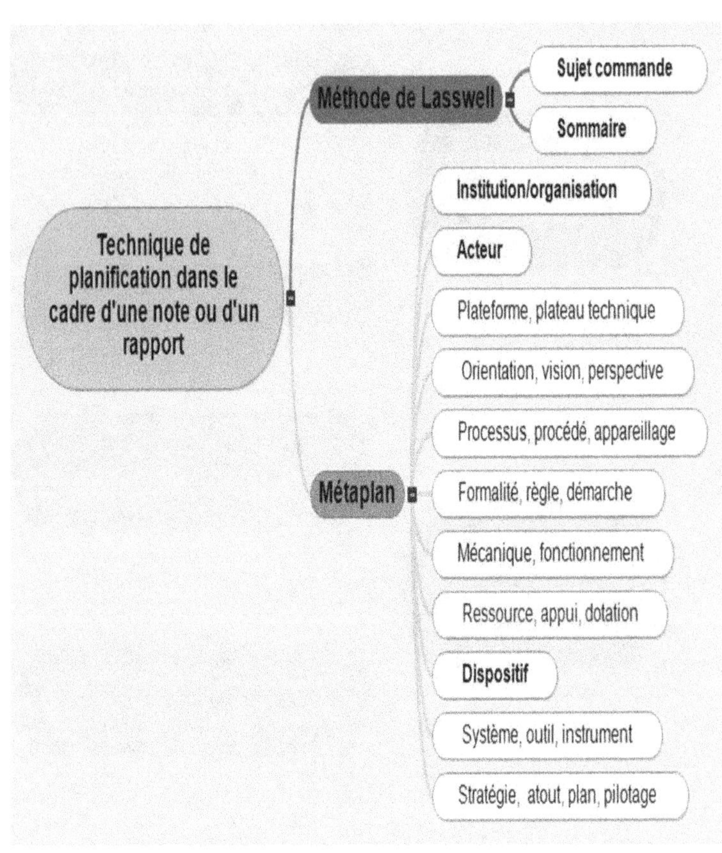
Technique de planification dans le cadre d'une note ou d'un rapport
Méthode de Lasswell
Sujet commande
Sommaire
Métaplan
Institution/organisation
Acteur
Plateforme, plateau technique
Orientation, vision, perspective
Processus, procédé, appareillage
Formalité, règle, démarche
Mécanique, fonctionnement
Ressource, appui, dotation
Dispositif
Système, outil, instrument
Stratégie, atout, plan, pilotage

Exemple 1

CONCOURS INTERNE ET DE 3ème VOIE DE TECHNICIEN TERRITORIAL SESSION 2018

Vous êtes technicien territorial au sein du service voirie **de la ville de TECHNIVILLE, 90 000 habitants.**

Sujet :

Le quartier de Propassain, construit dans les années 70, doit être réhabilité. Si les bâtiments demeurent, en revanche le Maire souhaite améliorer l'image du quartier en ayant une approche plus innovante et en intégrant le principe du développement durable dans les rénovations.

Le directeur général des services techniques vous demande de rédiger à son attention, exclusivement à l'aide des documents joints, **un rapport sur les techniques alternatives de gestion des eaux pluviales.**

Liste des documents :

Document 1 : « Les techniques alternatives en assainissement pluvial. Introduction » *-pays-de-la-loire.developpement-durable.gouv.fr* - 3 décembre 2013 - 2 pages

Document 2 : « Les enrobés drainants en couche de surface appliqués aux chaussées à structure réservoir » - Emmanuel Delaval - *CETE Nord Picardie* - 4 octobre 2012 - 5 pages

Document 3 : « Les techniques alternatives pour la gestion des eaux pluviales » -Bernard Chocat - *graie.org* - juin 2014 - 2 pages

Document 4 : « Exemples de techniques alternatives » - *pays-de-la-loire.developpementdurable.gouv.fr* - 3 décembre 2013 - 8 pages

Document 5 : « Les eaux pluviales : définition et qualité » - *aquabrie.fr* - consulté le 25 novembre 2016 - 6 pages

Document 6 : « Chaussée à structure réservoir » - *Grand Lyon* - consulté le 25 novembre 2016 -4 pages

La commande fait état du point de vue contextuel de la volonté du Maire de s'inscrire dans une perspective de développement durable pour tout ce qui touche aux rénovations des bâtiments de la collectivité. Quant à la commande proprement dite, le directeur général des services techniques demande de rédiger à son attention un rapport sur la gestion des eaux pluviales ». Par rapport au modèle de Lasswell, la problématique pourrait concerner le « comment ». Il s'agit d'un sujet « fermé ». De toute évidence, si le sujet avait porté sur « les eaux pluviales », on aurait eu droit à un « sujet ouvert », avec *a priori* la possibilité que la problématique porte sur un des items : qui, quoi, où, quand, comment, combien, pourquoi.

En tout état de cause, la distinction entre sujet « ouvert » et sujet « fermé » est cruciale. S'il est ouvert, il y a la possibilité de formuler librement la problématique, ce qui n'est pas toujours possible s'il est fermé car il faudrait suivre impérativement le schéma directeur de la commande. En clair, pour un sujet ouvert, il existe une marge importante d'organiser son plan de façon libre, et pout un sujet fermé cette marge est très étroite, sinon nulle.

Ces précisions faites, concernant la liste des documents, le « quoi » apparaît potentiellement comme le seul item valorisé : on a donc pour le moment une problématique sur le comment et une première piste sur le quoi. Il faut dire que c'est l'item le plus important d'une commande et absolument incontournable. Pour une raison simple, quel que soit le sujet : on commencera par se poser la question : « de quoi s'agit-il exactement ? »

Le métaplan consistera dans cette perspective à aller plus loin dans le repérage des informations pour déterminer les sous-axes possibles du « quoi » qui peuvent concerner notamment le cadre juridique, les outils, les stratégies, la vision, etc. Mais à y voir de près, on peut déjà se faire une idée du plan qui pourrait être finalement adopté même s'il ne s'agira avant la phase de lecture approfondie des documents que d'une piste provisoire. On peut donc avoir :

Problématique : Comment	Déterminer les modalités précises dans le cadre de l'implémentation active des techniques alternatives en matière de gestion des eaux de pluie
Les axes possibles du plan	**Exploitation du sommaire**
	« Les techniques alternatives en assainissement pluvial. Introduction » (quoi ; doc. 1)
	« Les enrobés drainants en couche de surface appliqués aux chaussées à structure réservoir » (quoi ; doc. 2)
	« Les techniques alternatives pour la gestion des eaux pluviales » (quoi ; doc. 3)
	« Exemples de techniques alternatives » (quoi ; doc. 4)
	« Les eaux pluviales : définition et qualité » (quoi ; doc. 5)
	« Chaussée à structure réservoir » (quoi, comment ; doc. 6)

Passage du modèle de Lasswell au métaplan	
« Les techniques alternatives en assainissement pluvial. Introduction » (quoi)	**Stratégies**

« Les techniques alternatives pour la gestion des eaux pluviales » (quoi) « Exemples de techniques alternatives » (quoi)	
« Les enrobés drainants en couche de surface appliqués aux chaussées à structure réservoir » (quoi)	**Matériau, moyen**
« Les eaux pluviales : définition et qualité » (quoi)	**Précision terminologique, perspective, fondement explicatif, etc.**
« Chaussée à structure réservoir » (quoi ; comment)	**Infrastructure** **(qualité)**

En faisant ce travail d'identification préalable avec l'examen attentif du sommaire, des idées importantes peuvent être dégagées avant l'amorce de la lecture finale :

- Une esquisse définitionnelle des eaux pluviales ;
- Un ensemble de stratégies à mobiliser pour leur meilleure gestion ;
- L'évocation d'un matériau spécifique : les enrobés drainants ;
- L'évocation d'une infrastructure particulière : la chaussée à structure réservoir.

L'intérêt du métaplan est donc de ne pas attendre la fin potentielle de la lecture du dossier pour envisager toute planification de la note ou du rapport ; c'est du reste une sorte de « présomption » de plan.

Exemple 2

ATTACHÉ TERRITORIAL SESSION 2016 SPÉCIALITÉ : ANIMATION

Vous êtes attaché territorial, chargé(e) de mission au sein de la direction citoyenneté, vie des quartiers et cohésion sociale d'Animville (40 000 habitants). La ville compte trois quartiers classés en politique de la ville qui concentrent des difficultés en termes de cadre de vie et un collège REP+ avec une problématique importante de violences. Le maire souhaite engager une réflexion sur la mise en place d'actions de médiation sur la commune dans l'espace public et en direction des jeunes. La directrice générale des services vous demande de rédiger à son attention un rapport sur la démarche de médiation proposant la mise en place d'un service de médiation sociale et scolaire.

Liste des documents :

Document 1 : « Charte de référence de la médiation sociale » - Médiation sociale : pour la reconnaissance d'un métier (extrait) - *Cahiers pratiques – Comité interministériel des Villes* - décembre 2011 - 3 pages
Document 2 : « La médiation sociale dans les collèges des quartiers prioritaires de la ville : une expérimentation positive » - *En bref n° 12 – Commissariat général à l'Égalité des territoires* - janvier 2016 - 4 pages
Document 3 : « Marches exploratoires 2.0. Quand les femmes changent la ville » -*Dossier de presse - France Médiation* - octobre 2015 - 4 pages
Document 4 : « État des lieux des secteurs d'activités et domaines d'intervention » - Médiation sociale : pour la reconnaissance d'un métier (extrait) – *Cahiers pratiques - Comité interministériel des Villes* - décembre 2011 - 7 pages
Document 5 : « Les objectifs et la démarche de la médiation sociale. Créer et consolider des services de médiation » - La médiation sociale. Une démarche de proximité au service de la cohésion sociale et de la tranquillité publique. (Extraits) - *Direction Interministérielle à la ville et CNFPT* - décembre 2004 - 8 pages
Document 6 : « Le référentiel des activités de médiation sociale » - *France Médiation - site internet* consulté le 11 mars 2016 - 2 pages
Document 7 : « Comment les médiateurs préviennent les conflits dans les écoles » - Pascal Weil - *Gazette des communes* - 10 mars 2016 - 2 pages
Document 8 : « Historique de la médiation sociale » - *France Médiation - site internet* consulté le 11 mars 2016 - 3 pages
Document 9 : « Médiation sociale et politique de la ville. Synthèse » - (extraits) - *Irev/Mission régionale d'appui Nord-Pas de Calais* - 17 juin 2013 - 6 pages

Pour le deuxième cas de figure examiné, le Maire souhaite engager une réflexion sur la mise en place d'actions de médiation sur la commune dans l'espace public et en direction des jeunes, du fait d'une forte actualité chargée. C'est ainsi que la directrice générale des services demande de rédiger à son attention un rapport sur la démarche de médiation proposant la mise en place d'un service de médiation sociale et scolaire.

Le deuxième exemple est également un sujet « fermé ». Si la DGS avait plutôt demandé « un rapport sur la médiation sociale et scolaire », on parlerait alors d'un sujet « ouvert ».

Problématique Comment	Proposer une dynamique éclairante (une véritable impulsion) dans le cadre de la médiation sociale et scolaire sous fond de tension sociale et de difficultés diverses
Les axes possibles du plan	**Exploitation du sommaire**
	« Charte (quoi) de référence de la médiation sociale » - Médiation sociale : pour la reconnaissance d'un métier » (doc 1)
	« La médiation sociale (quoi) dans les collèges des quartiers prioritaires de la ville (où) : une expérimentation positive » (quoi ; doc. 2)
	« Marches exploratoires 2.0. (quoi) Quand les femmes (qui) changent la ville (quoi ; doc. 3)
	« État des lieux des secteurs d'activités et domaines d'intervention » - Médiation sociale : pour la

	reconnaissance d'un métier (quoi ; doc. 4)
	« Les objectifs (pourquoi) et la démarche de la médiation sociale. Créer et consolider des services de médiation » (quoi ; doc. 5)
	« Le référentiel des activités de médiation sociale » (quoi ; doc. 6)
	« Comment les médiateurs (qui) préviennent les conflits (quoi) dans les écoles (où ; doc. 7)
	« Historique de la médiation sociale » (quoi ; doc. 8)
	« Médiation sociale et politique de la ville. Synthèse » (quoi ; doc. 9)

En faisant un point statistique sur les items, le « quoi » a douze occurrences, le « qui » et le « où » deux occurrences chacune. Le « pourquoi » mobilise pour sa part une occurrence. Le plan à adopter pourrait suivre ce canevas : une problématique sur le « comment », puis un plan articulé autour de « quoi », « où », « pourquoi » et « qui ». Par ailleurs, pour gagner en temps, les supports évoquant le « quoi » pourrait être mieux choisis, avec une sélection stricte, question d'éviter la boulimie informationnelle.

Concrètement, il sera possible d'envisager ce qui suit comme idées clés à valoriser :

- Le constat alarmant d'une société potentiellement en échec

- Les grands enjeux de la médiation sociale et scolaire
- Les divers acteurs concernés par la question
- L'école et les collèges comme hauts lieux de conflit mais aussi de médiation
- L'intérêt vital de promouvoir la médiation sociale et scolaire
- Les précieux outils à mobiliser pour rendre cette médiation effective
- Les solutions efficientes à implémenter pour une société plus apaisée

Passage du modèle de Lasswell au métaplan	
Charte (quoi) Le référentiel des activités de médiation sociale	**Ressource, outil**
Historique de la médiation sociale (quoi)	**Contexte**
Médiation sociale et politique de la ville. Synthèse (quoi)	**Fondement**
La médiation sociale (quoi) Une expérimentation positive (quoi) Marches exploratoires 2.0. (quoi)	**Orientation, stratégie**

Dans les collèges des quartiers prioritaires de la ville (où)	**Espace, sphère champ, univers, lieu d'action, de résolution, d'arbitrage**
Les femmes (qui) Les médiateurs (qui)	**Forces vives, forces de changement, acteurs**

Exemple 3

CONCOURS EXTERNE, INTERNE ET 3ème CONCOURS TERRITORIAL DE CONSERVATION DU PATRIMOINE ET DES BIBLIOTHÈQUES

SESSION 2019

Sujet :

Vous êtes assistant territorial de conservation du patrimoine et des bibliothèques au service Archives municipales de Cultureville. La commune fait partie d'une communauté d'agglomération.

La directrice générale des services vous demande de rédiger à son attention, exclusivement à l'aide des documents joints, une note sur la mutualisation de la fonction archives.

Liste des documents :

Document 1 : Code du patrimoine (extraits) - *legifrance.fr* - 2 pages

Document 2 : « Les archives et l'intercommunalité » - *archives.var.fr* - 2009 - 3 pages

Document 3 : « Archives : maillage territorial, Contrôle scientifique et technique (CST), opérateurs de l'Etat & intercommunalités » - Réseau national d'actions des archivistes - *rn2a.fr* - 4 juillet 2018 - 3 pages

Document 4 : « Note d'information relative à la mutualisation et à l'externalisation de certaines fonctions dans le cadre de systèmes d'archivage électronique » - Service interministériel des Archives de France - *francearchives.fr* – 4 janvier 2018 - 3 pages

Document 5 : « Etude portant sur le développement de l'archivage électronique » (extrait)- Programme de développement concerté de l'administration numérique territoriale 2015-2017 - Secrétariat général pour la modernisation de l'action publique - *modernisation.gouv.fr* - Octobre 2017 - 4 pages

Document 6 : « Groupement de commandes » - *marche-public.fr* - Consulté en novembre 2018 - 2 pages

Document 7 : « Le groupement de commandes reliure » - Centre interdépartemental de gestion de la grande couronne - *cigversailles.fr* - 2015 - 1 page

Document 8 : « Mutualisations. États des lieux et enseignements » - Dossier - *I2D -Information, données & Documents n° 3* - 2015 - 6 pages

Document 9 : Page d'accueil - *archives-communales-ain.fr* - Consulté en novembre 2018 - 2 pages

Voici l'exemple type d'un sujet « ouvert ». La directrice générale des services demande de rédiger à son attention « une note sur la mutualisation de la fonction archives », sans plus de précisions et de détails. Pour un sujet « fermé », elle aurait pu notamment demander « une note en matière de financement d'un dispositif sur la mutualisation de la fonction archives ». Clairement la problématique pourrait porter sur le qui, quoi, où, quand, comment, combien, pourquoi. Dans ce cas, pour essayer d'affiner les choses, la lecture attentive du sommaire pourrait être une des clés déterminantes.

Problématique	Ouverte : le quoi finalement retenu Identifier les grands enjeux (défis, fondements, soubassements) directement reliés à la mutualisation de la fonction archives
Les axes possibles du plan	Exploitation du sommaire
	« Code du patrimoine » (quoi ; doc. 1)
	« Les archives et l'intercommunalité » (quoi ; doc. 2)
	« Archives (quoi) : maillage territorial (quoi)/contrôle scientifique et technique (quoi)/CST, opérateurs (qui) de l'Etat (qui) & intercommunalités » (qui, où ; doc. 3)
	« Note d'information relative à la mutualisation et à l'externalisation de certaines fonctions dans le cadre de

	systèmes d'archivage électronique » (quoi ; doc. 4)
	« Etude portant sur le développement de l'archivage électronique » (quoi ; doc. 5)
	« Groupement de commandes » (quoi ; doc 6)
	« Le groupement de commandes reliure » (quoi ; doc. 7)
	« Mutualisations. États des lieux et enseignements » (quoi ; doc. 8)
	Page d'accueil - *archives-communales-ain.fr* - (quoi ; doc. 9)

Passage du modèle de Lasswell au métaplan	
Code du patrimoine » (quoi) Les archives et l'intercommunalité (quoi) Archives (quoi) maillage territorial (quoi) Note d'information (quoi) Etude portant sur le développement de l'archivage électronique (quoi)	**Dispositif, ressource, outil**

Groupement de commandes (quoi)	
Mutualisations. États des lieux et enseignements (quoi)	**Fondement, mise au point**
Contrôle scientifique et technique (quoi)	**Procédure**
Opérateurs (qui)	**Acteurs économiques**
État (qui)	**Institution**
Intercommunalités (quoi)	**Caractéristiques**
Page d'accueil (quoi)	**Plateforme, plateau**

En faisant un point précis sur le nombre d'occurrences en termes d'items, le « quoi » domine avec onze unités : il devrait constituer la problématique. Viennent après, respectivement, le « qui » avec trois unités et le « où » avec une unité en tant que potentiels axes du plan.

Bon à savoir, dans le cadre de l'exploitation du modèle de Lasswell, pour formuler la problématique, il est possible de dédoubler les items comme fait dans le document 3 avec « le maillage territorial » qui peut sous-tendre le « quoi » et le « où », tout comme l' « intercommunalité » pouvant articuler le « quoi » et le « où ».

D'une part, entrevoir le maillage territorial comme le « quoi », c'est poser simplement la question suivante « de quoi s'agit-il » et pour le « où », il s'agit de se demander « dans quel territoire la question est traitée ? D'autre part, l'intercommunalité entrevue comme un « quoi » permettra de s'interroger sur les

« compétences ». Par contre, par le biais du « où », il s'agira d'identifier un « espace géographique potentiel ».

Une fois encore, en adaptant les mêmes postures, un certain nombre d'idées pourraient être valorisées par la suite :

- Les enjeux définitionnels, notionnels, conceptuels (appréhender le sens de la mutualisation)
- Les enjeux administratifs (code patrimoine)
- Les enjeux territoriaux : compétences des EPCI (Établissement public de coopération intercommunale) en matière d'archives
- Les enjeux numériques et informatiques (protection des données)
- Les enjeux managériaux et financiers (marchés publics)

Les autres pistes en termes de métaplan consisteront notamment à faire une claire distinction entre le « qui » institutions (État, gouvernement, collectivité) et le qui « acteur » (opérateur), dans le cadre de la rédaction finale. Le « quoi » de la problématique pourrait s'orienter plus tard vers « stratégie », « outils », « financement », etc.

Exemple 4

CONCOURS INTERNE ET 3ème CONCOURS DE REDACTEUR TERRITORIAL SESSION 2017 Spécialité : Action sanitaire et sociale des collectivités territoriales

Sujet :

Vous êtes rédacteur territorial, adjoint de la directrice du centre intercommunal d'action sociale de la communauté de communes Alpha (17 000 habitants), organisée autour d'une ville-centre de 12 000 habitants en milieu rural. Les élus communautaires souhaiteraient développer l'offre de service du CIAS en termes d'outils et d'aide à la mobilité des personnes accueillies. Dans ce cadre, votre directrice vous demande de rédiger à son attention, exclusivement à l'aide des documents joints, une note sur la mobilité comme levier d'insertion sociale.

Liste des documents :

Document 1 : « Plateformes de mobilité : un levier pour faciliter l'accès à l'emploi et l'insertion sociale » - *En bref, n°16 - Commissariat général à l'égalité des territoires* - mars 2016 - 4 pages

Document 2 : « La mobilité, enjeu d'insertion sociale » - Pierre Duquesne - *L'Humanité* -5 novembre 2015 - 1 page

Document 3 : « Etude-diagnostic sur l'adéquation offre/besoin de mobilité en faveur des publics en insertion » (extraits) - *CRESGE - Territoires, Habitat, Politiques sociales, Appel d'Ere !, Conseil général de Maine-et-Loire* – septembre 2014 - 3 pages

Document 4 : « Huit champs de recommandations » - Extrait de la synthèse du rapport « Mobilité inclusive : La mobilité accessible à tous - Mobilité, insertion et accès à l'emploi, Constats et perspectives » - *Cabinet Auxilia* - 2013 – 3 pages

Document 5 : « Avantages et coûts des tarifications sociales dans les transports collectifs » - *Le point sur, n°138 - Commissariat général au développement durable* - août 2012 - 2 pages

Document 6 : « Droit au transport et accessibilité pour tous : des impératifs difficiles à garantir » - Extrait du rapport « Mobilité inclusive : La mobilité accessible à tous - Mobilité, insertion et accès à l'emploi, Constats et perspectives » - *Cabinet Auxilia* - 2013 - 1 page

Document 7 : « Les restrictions de mobilité et leurs conséquences » - Extrait de « La fracture mobilité - Rapport statistique » - *Secours catholique, Caritas France* - 2014 - 4 pages

Document 8 : « Un taxi solidaire pour favoriser le lien social dans le Pas-de-Calais » -Caroline Guignot - *www.gazette-sante-social.fr* - 1er avril 2016 - 2 pages

Document 9 : « Passer le permis de conduire » - *www.missionslocalesdubearn.com* -Consulté le 10 avril 2017 - 1 page

Avec ce nouvel exemple pratique, on rebascule vers un sujet « fermé » puisque la directrice demande de rédiger à son attention une note sur la mobilité comme levier d'insertion sociale. Un sujet « ouvert » aurait porté simplement sur la rédaction d'une note au sujet de la « mobilité ».

Problématique Comment	Entrevoir des pistes efficientes pour garantir de façon optimale l'insertion sociale par le biais d'une nouvelle politique de mobilité ambitieuse
Les axes possibles du plan	Exploitation du sommaire
	« Plateformes de mobilité : un levier pour faciliter l'accès à l'emploi et l'insertion sociale » (quoi ; doc. 1)
	« La mobilité, enjeu d'insertion sociale » (quoi ; doc. 2)
	« Etude-diagnostic sur l'adéquation offre/besoin de mobilité (quoi) en faveur des publics (qui) en insertion » (doc. 3)
	« Huit champs de recommandations » (quoi ; doc. 4) - Extrait de la synthèse du rapport « Mobilité inclusive : La mobilité accessible à tous - Mobilité, insertion et accès à l'emploi, Constats et perspectives »
	« Avantages (quoi) et coûts (combien) des tarifications sociales dans les transports collectifs » (quoi ; doc. 5)

<table>
<tr><td rowspan="4"></td><td>« Droit au transport et accessibilité (quoi) pour tous (qui) : des impératifs difficiles à garantir » (quoi ; doc. 6)</td></tr>
<tr><td>« Les restrictions de mobilité et leurs conséquences » (quoi ; doc. 7)</td></tr>
<tr><td>« Un taxi solidaire pour favoriser le lien social (quoi) dans le Pas-de-Calais » (où ; doc. 8)</td></tr>
<tr><td>« Passer le permis de conduire » (quoi ; doc. 9)</td></tr>
<tr><td colspan="2">Passage du modèle de Lasswell au métaplan</td></tr>
<tr><td>Plateformes de mobilité : un levier pour faciliter l'accès à l'emploi et l'insertion sociale (quoi)

La mobilité, enjeu d'insertion sociale (quoi)

Un taxi solidaire pour favoriser le lien social (quoi)</td><td>Stratégie</td></tr>
<tr><td>Etude-diagnostic sur l'adéquation offre/besoin de mobilité (quoi)

Huit champs de recommandations (quoi)</td><td>Recherche-action

Orientation</td></tr>
<tr><td>Avantages (quoi) ; coûts (combien)</td><td>enjeux</td></tr>
</table>

Les restrictions de mobilité et leurs conséquences » (quoi)	
Transports collectifs » (quoi)	**Catégorie, genre**
Droit au transport et accessibilité (quoi)	**Dispositif, ressources juridiques**
Passer le permis de conduire » (quoi)	**Disposition, modalité**
Pas-de-Calais » (où)	**Territoire, collectivité**

Le « quoi » une fois encore domine en termes statistiques avec onze unités. Suivent respectivement le « qui », deux unités, le « combien » et le « où », avec deux occurrences chacune. Le passage au métaplan pourrait donner lieu à la mise en évidence des idées ci-après :

- Des difficultés notables des pouvoirs publics à assurer l'équité sociale en matière de mobilité
- Des dispositifs existants pour rendre possible l'employabilité des jeunes et leur intégration sociale
- La valorisation effective de la mobilité comme levier d'insertion sociale
- Une meilleure gouvernance et un meilleur pilotage à impulser en matière de déplacement
- Des propositions concrètes sur la table des décideurs publics
- De précieuses stratégies comme solutions alternatives

Exemple 5 ATTACHÉ PRINCIPAL EXAMEN PROFESSIONNEL D'AVANCEMENT DE GRADE SESSION 2021

Attaché principal, vous êtes Directeur général adjoint Culture et Sport au sein de la commune d'Admiville. Admiville qui dénombre 60 000 habitants, est la ville centre d'une communauté d'agglomération de 200 000 habitants comptant 11 communes.
Admiville, forte d'un riche secteur associatif culturel, compte un théâtre municipal, un musée labellisé musée de France et trois bibliothèques qui font partie du réseau de lecture publique intercommunal.
Sur le territoire de l'agglomération, les jeunes de 15 à 29 ans représentent 22 % de la population et l'enseignement supérieur accueille plus de 20 000 étudiants chaque année. Les études nationales sur les pratiques culturelles ont mis en avant les pratiques numériques croissantes des jeunes, la fréquentation des établissements culturels traditionnels restant le fait des plus de 40 ans.
Dans ce contexte et à l'aune de l'affirmation des droits culturels, le Maire d'Admiville souhaite connaître la situation pour son territoire et renforcer l'accès des jeunes à la culture, via notamment les apports du numérique.
A cette fin, la Directrice générale des Services vous demande de rédiger à son attention, à l'aide des éléments du dossier joint et en mobilisant vos connaissances, une note assortie de solutions opérationnelles argumentées pour renforcer les pratiques culturelles des jeunes.

Liste des documents :

Document 1 : « Cinquante ans de pratiques culturelles en France » (Extrait) - P. Lombardo et L. Wolff - Cultures Etudes - *culture.gouv.fr* - 10 juillet 2020 - 2 pages
Document 2 : « Dossier - Culture : le choc du numérique » - H. Girard et C. Chevrier - *La Gazette des communes n° 2373* - 3 juillet 2017 – 6 pages
Document 3 : « Trois idées (fausses) à l'origine des politiques culturelles françaises » - F. Raffin - *theconversation.com* - 24 février 2020 – 3 pages
Document 4 : « De spectateurs à créateurs : multiplicité des pratiques culturelles et artistiques des jeunes » - Etudes et recherches n° 30 - *injep.fr* - Décembre 2019 - 3 pages
Document 5 : « Le schéma d'orientations culturelles de la ville de Saint-Denis : pour une politique culturelle inclusive, co-construite et attentive » (Extrait) - *reseauculture21.fr* - 2017 - 2 pages
Document 6 : « Les nouveaux modes d'accès à la culture » (Extrait) - Culture &Recherche n° 134 - *culture.gouv.fr* - Hiver 2016-2017 - 2 pages
Document 7 : « Banlieues : "Nous souhaitons oeuvrer à la production de nouveaux imaginaires qui reconnaissent le patrimoine de ces territoires" » - Tribune - *lemonde.fr* - 25 octobre 2020 - 2 pages
Document 8 : « Un jury de citoyens impliqué dans l'élaboration de la politique culturelle » - B. Girard - *lagazettedescommunes.com* – 21 septembre 2018 - 1 page
Document 9 : « Dossier - Culture : comment mieux irriguer les territoires ? » (Extraits) - *La Gazette des communes n° 2473* - 8 juillet 2019 – 3 pages
Document 10 : « La culture à l'ère du numérique : réflexions sociologiques » (Extraits) - S. Octobre - *lemuz.org* - Juillet 2018 - 4 pages
Document 11 : « Comment le numérique bouscule les politiques culturelles : entretien croisé avec Jean-Pierre Saez et Vincent Guillon » (Extrait)- H. Girard - *lagazettedescommunes.com* - 28 août 2017 - 8 pages
Document 12 : « Culture - Une circulaire invite à renforcer les liens avec les collectivités pour développer l'éducation artistique et culturelle » - J.- N. Escudié - *banquedesterritoires.fr* - 8 juin 2017 - 1 page

Dans l'ultime exemple qui sera analysé, le contexte interne à la commande fait état de la volonté du Maire de renforcer l'accès des jeunes à la culture, via les apports du numérique, en l'occurrence.

C'est dans ces conditions que la Directrice Générale des Services demande de rédiger à son attention une note assortie de solutions opérationnelles pour renforcer les pratiques culturelles des jeunes. Le sujet est « fermé ». S'il était « ouvert » elle aurait pu demander tout juste une note sur « les pratiques culturelles des jeunes ».

Problématique Comment	Donner un éclairage pertinent sur les points de repère structurants pouvant faciliter au mieux les pratiques culturelles de la population juvénile
Les axes possibles du plan	Exploitation du sommaire
	« Cinquante ans (quand) de pratiques culturelles (quoi) en France » (où ; doc. 1)
	« Dossier - Culture : le choc du numérique » (quoi ; doc. 2)
	« Trois idées (fausses) à l'origine des politiques culturelles (quoi) françaises » (où ; doc. 3)
	« De spectateurs à créateurs (qui) : multiplicité des pratiques culturelles et artistiques (quoi) des jeunes » (qui ; doc. 4)

	« Le schéma d'orientations culturelles (quoi) de la ville de Saint-Denis (où) : pour une politique culturelle inclusive, co-construite et attentive » (quoi ; doc. 5)
	« Les nouveaux modes (comment) d'accès à la culture » (quoi ; doc. 6)
	« Banlieues (où) : "Nous (qui) souhaitons œuvrer à la production de nouveaux imaginaires (quoi) qui reconnaissent le patrimoine (quoi) de ces territoires" » (qui, où ; doc. 7)
	« Un jury de citoyens (qui) impliqué dans l'élaboration de la politique culturelle » (quoi ; doc. 8)
	« Dossier - Culture : comment (comment) mieux irriguer les territoires » (qui, où ; doc. 9)
	« La culture (quoi) à l'ère du numérique (quand) : réflexions sociologiques » (quoi ; doc. 10)
	« Comment (comment) le numérique bouscule les politiques culturelles (quoi) : entretien croisé avec Jean-Pierre Saez et Vincent Guillon » (qui ; doc. 11)
	« Culture - Une circulaire invite à renforcer les liens (quoi) avec les collectivités (qui, où) pour développer l'éducation artistique et culturelle » (quoi ; doc. 12)

Passage du modèle de Lasswell au métaplan	
Cinquante ans (quand)	**Temporalité, donnée chronologique**
Pratiques culturelles (quoi)	**Trait identitaire**
France (où)	**Nation, État, Société**
Dossier - Culture : le choc du numérique (quoi)	**Enjeux**
Trois idées (fausses) à l'origine des politiques culturelles (quoi) Multiplicité des pratiques culturelles et artistiques (quoi)	**Postulat, considération, constat**
De spectateurs à créateurs ; jeunes (qui) ; un jury de citoyens (qui)	**Acteurs**
Le schéma d'orientations culturelles (quoi) Les nouveaux modes (comment) d'accès à la culture » (quoi) Élaboration de la politique culturelle » (quoi) Comment mieux irriguer les territoires (comment)	**Stratégie, orientation, méthode**
Banlieues (où)	**Espace, univers, milieu**

Mieux irriguer les territoires (qui, où)	**Institution, organisation, localité**

En faisant un point statistique des items, le « quoi » domine avec quinze occurrences, suivi du « où » et du « quand » avec huit unités chacun. Le « comment » compte trois occurrences et le « quand » deux occurrences.

De toute évidence, le passage au métaplan permettra de s'inscrire notamment dans un contexte à plus d'un égard numérique comme d'ailleurs exposé dans la commande. Les informations à rechercher dans le cadre de la note de synthèse et à mobiliser personnellement en matière de conduite de projet pourraient tenir compte des mots clés suivants :

- Un point précis sur les politiques et pratiques culturelles en France après un demi-siècle
- La réglementation (circulaire) en matière d'inclusion développement de l'éducation artistique et culturelle
- Les considérations théoriques en matière culturelle, notamment le point de vue sociologique
- La question de l'illectronisme dont les jeunes pourraient être victimes
- Les fondements et caractéristiques des pratiques culturelles juvéniles
- Les modalités d'accès à la culture des jeunes (outils, interfaces, etc.)
- La valorisation des banlieues comme territoires à part entière

- L'incidence du numérique sur les pratiques culturelles
- La démocratie participative tout en faisant attention de ne pas vouer aux gémonies (c'est-à-dire remettre en cause) la démocratie représentative
- Une nouvelle vision politique plus ambitieuse en faveur des jeunes
- La constitution d'un comité de pilotage où un représentant jeune pourrait être partie prenante avec un rôle plus ou moins consultatif ou de représentation

En somme, la méthode de métaplan est effectivement opérationnelle comme il a été démontré au travers des cinq exemples analysés. Il ne s'agit pas d'un simple artifice intuitif, mais d'un outil pertinent, fonctionnel, congruent, reposant sur des bases rationnelles et objectives.

Foire aux questions

Dans l'ultime phase de ce manuel, je vais répondre à quelques questions lancinantes que se posent souvent bon nombre de candidats aux épreuves officielles. Bien entendu, certaines de réponses relèvent de ma propre expérience d'enseignant, de formateur, correcteur et consultant.

- Faut-il lire tous les documents ?

Il est très difficile de lire tous les documents d'un dossier et quand on le fait, c'est clairement le temps de rédaction qui sera drastiquement réduit. D'une certaine manière, quatre documents peuvent être suffisants pour rédiger une note ou un rapport avec solutions opérationnelles. Les autres pouvant servir notamment pour puiser des exemples, statistiques ou pour rédiger l'introduction, la conclusion, etc. Il faut par ailleurs relever que certains dossiers peuvent comporter éventuellement un document pivot, c'est-à-dire ayant un potentiel d'au moins 80% d'information requises pour rédiger la note ou le rapport. Dans ce cas, tous les autres seront considérés simplement comme des documents complémentaires. Il faut savoir que si le temps de lecture s'avère finalement supérieur au temps de rédaction, le risque sera plus de proposer en fin de compte une simple synthèse, sorte d'inventaire à la Prévert sans structuration et organisation efficientes des idées. En guise de conseil concernant le temps de lecture, je propose ce petit tableau synthétique :

	Temps de lecture (Libellé du sujet, vérification liste de documents, survol dossier, prises de notes)	**Temps de rédaction** (plan, introduction, développement, conclusion éventuelle, relecture)
Épreuve de 3 heures	1h ~ 1h10	1h50 ~ 2h
Épreuve de 4 heures	1h30 ~ 1h45	2h15 ~ 2h30
Épreuve de 5 heures	1h45 ~ 2h	3h ~ 3h15

- Doit-on systématiquement chercher un document pivot dans un dossier ; si oui comment ?

S'il peut être utile de rechercher un document pivot dans un dossier, il est complètement erroné de passer plus de temps dans cette tâche parfois inutile. Cinq minutes tout ou plus sont suffisantes pour y arriver. Un document pivot a un lien direct avec la commande ; il est potentiellement plus dense puisqu'il doit comporter 80 % d'informations requises pour traiter la commande ; j'ajouterais qu'il doit aussi être qualitativement intéressant. En effet tout ce qui se conçoit bien s'énonce clairement. Le document pivot est donc potentiellement bien écrit. Qu'à cela ne tienne, en guise de conseil, je dirais qu'il serait plus accommandant de se préoccuper davantage des « idées pivot » car j'ai des retours des candidats ayant passé plus de trente minutes à rechercher le fameux document sans pourtant réussir à mettre la main sur le précieux sésame selon leur propre aveu. J'aimerais encore aller plus loin en insistant sur le fait que pour tout dossier, les documents les plus essentiels sont ceux qui ont une nature juridique. Les candidats ont souvent envie de tout lire pour se rassurer, pour être sûrs de ne rien oublier ; or ils oublient au passage que l'une des exigences d'une note ou d'un rapport est de procéder à la sélection obligatoire des informations, auquel cas le travail fourni ressemblerait à un fourre-tout. Quand pour un dossier d'une vingtaine ou d'une trentaine de pages, il est demandé de faire une note ou un rapport de 6-7 pages, cette injonction veut dire qu'il faut éliminer le plus grand nombre d'informations. Dire que toutes les informations sont importantes, c'est le point de départ, mais à l'arrivée, il faut privilégier absolument celles qu'on aura trouvées essentielles, déterminantes, plausibles et tout dépendra de la manière dont elles seront valorisées. Il n'existe aucun plan unique pour rédiger une note ou un rapport. C'est à chaque candidat de donner une orientation spécifique en prenant le soin de ne pas dévier de la commande.

- Pour le concours d'ingénieurs externes, dont la note de cadrage est assez spécifique, faut-il prévoir deux timbres ?

La note de cadrage de ce concours dans sa version du 1er août 2019 pose d'une certaine manière un petit souci d'interprétation au niveau du timbre. S'il est « recommandé » deux « introductions » et « deux conclusions » pour la partie « note » et « solutions opérationnelles », il n'est absolument pas question de faire deux timbres car il s'agit à chaque fois d'une seule et même commande ponctuée de deux étapes. Ce qui trompe la vigilance des candidats, c'est l'idée des deux introductions et conclusions. Je dois dire ici que même pour tous les autres concours, il est possible de baliser les débuts de parties, de paragraphes, par des propos « introductifs ». De même, la fin des parties et des paragraphes peut également faire l'objet des propos « conclusifs ». C'est simplement la manière de présenter les choses dans la note de cadrage pour le concours d'ingénieurs externes qui s'avère un peu équivoque. Lorsqu'il est dit notamment que pour la partie note « une conclusion », brève, (cinq à dix lignes suffisent) est attendue, rien ne permet de savoir précisément s'il s'agit d'une injonction ou d'un conseil ; en effet la conclusion d'une note ou d'un rapport est facultative, d'une manière générale.

Cela dit, pour mieux comprendre ce qui est attendu dans les « introductions » et les « deux conclusions », voici comment il faut procéder dans ces cas spécifiques :

Introduction partie note	Introduction partie solutions opérationnelles	Conclusion partie note	Conclusion partie solutions opérationnelles
Contexte général lié à la commande	Contexte particulier à la collectivité émettrice	Retour synthétique sur la commande dans ses grandes lignes et les points essentiels traités	Retour sur la conduite de projet dans les différentes phases de son déploiement
Problématique générale de commande avec prise en compte des informations du dossier	Problématique locale (spécificité de la collectivité : statut, caractéristique, etc.)	Information(s) majeure (s) à retenir dans cette première phase; annonce éventuelle partie II	Focus sur un point essentiel pouvant constituer une ultime aide à la prise de décision

Plan général avec annonce de la partie note et la partie conduite de projet	Planification de la conduite de projet (schéma proposé, acteurs mobilisés, etc.)

- Existe-t-il un plan type pour la note ou le rapport ?

Archifaux. La seule exigence, c'est le respect des termes de la commande. Le reste c'est à chacun de proposer un plan cohérent. Inutile donc de se préoccuper de ce que les correcteurs penseront de votre copie, s'ils seront d'accord ou pas ; si vous penserez comme eux, etc. Les correcteurs n'ont aucun *a priori*, aucune idée arrêtée, aucun préjugé. Ils vérifient simplement que vous avez respecté les consignes, que le cadre formel a été suivi à la lettre ; ce n'est jamais une question d'idées ou d'opinions préconçues, mais de maîtrise notamment de la méthodologie.

- Faut-il prendre position ?

Pour la note de synthèse, prendre position c'est se mettre en porte à faux par rapport aux attendus de l'épreuve. C'est donc interdit. En revanche, dans une note ou un rapport avec solutions opérationnelles, il est possible, voire nécessaire, de suggérer des idées personnelles hors dossier, mais toute prise de position doit être équilibrée et étayée par des arguments probants. Il faut éviter toute position tranchée, marquée du sceau de la démesure. Je rappelle par ailleurs que pour une épreuve avec conduite de projet, la première partie sera toujours considérée comme « note de synthèse » : il s'agit donc de se limiter aux seules informations issues du dossier. Pas possible de prendre le moindre exemple hors dossier.

L'absence de conclusion peut-elle être pénalisante ?

En principe non, mais certains correcteurs ne sont pas insensibles à ce qu'une conclusion soit proposée. Personnellement je suggère d'en faire une dans la mesure du possible tout en reconnaissant que dans certaines disciplines (droit), la conclusion est plutôt frappée de forclusion. Si l'on n'en propose pas une dans la réalisation de la commande, faire au moins l'effort de trouver une formule adaptée pour boucler la boucle et ne pas terminer l'épreuve de façon abrupte.

- Faut-il utiliser les stylos effaçables, le « blanco » ?

Il est plutôt déconseillé car l'interdiction n'est pas formelle et inscrite notamment dans la note de cadrage.

- Faut-il surligner les titres/sous-titres ?

Il s'agit d'un choix optionnel mais dans l'affirmative, il faut que ce soit avec le même stylo, auquel cas il pourrait y avoir rupture d'anonymat.

- Doit-on procéder à l'ouverture de débat dans une note ou un rapport?

Il est formellement interdit d'ouvrir le moindre débat.

- Doit-on utiliser le « je », « nous » ?

Pour la note, le « nous » est plus adapté ou le recours aux formes impersonnelles en dehors du « on ». Ex : force est de constater que...Concernant la partie conduite de projet, le « je » peut être mobilisé, mais c'est optionnel.

- Peut-on absolument proposer une problématique sous forme de question ?

Non, pas du tout. Une problématique peut être rédigée sous forme de réponse provisoire.

- Doit-on proposer une conduite de projet lors de l'épreuve officielle comme ce qui est fait d'habitude dans l'exercice de ses missions ?

Attention, quand on réalise un projet dans son environnement professionnel, il n'y a jamais de « note de cadrage ». Au pire, on peut faire ce que l'on veut. Dans une épreuve officielle, c'est la note de cadrage qui sert de régulateur et d'arbitre. Certains candidats sont souvent offusqués de voir qu'ils ont raté leur épreuve en prétextant que c'est de cette manière qu'ils procèdent d'habitude. Erreur, car en plus, dans une épreuve officielle on se sert au préalable des documents issus du dossier alors que dans un environnement professionnel propre, il est souvent d'usage de travailler directement sur les dossiers issus des réalités de sa collectivité, ce qui change tout.

- Doit-on décliner son poste dans la conduite de projet?

Il est formellement interdit d'afficher son poste, c'est simplement une rupture d'anonymat. Si en revanche, dans la commande, une responsabilité vous est confiée, il faut l'afficher et l'assumer pleinement.

- Combien de parties pour la note ou le rapport?

Deux parties sont suffisantes, avec à chaque fois deux ou trois sous-parties. Pour certains types de concours (ingénieurs externes qui durent quand même cinq heures) il est possible de proposer quatre parties. Deux pour la note de synthèse et deux pour la conduite de projet, avec des sous-parties équivalentes.

- Combien d'idées doit-on mobiliser ?

Quatre à six idées sont largement suffisantes pour rédiger une note ou un rapport. Elles seront à leur tour décomposées en sous-idées (deux ou trois). Pour rappel, chaque idée correspond en fait à un paragraphe. Il est possible de structurer les sous-idées en sous-paragraphe au lieu de les consigner directement au sein d'un même paragraphe.

- Quelle est la différence entre une phrase chapeau et une phrase de transition ?

Une phrase chapeau ou idée phare permet d'introduire un paragraphe. Elle se place donc au début de celle-ci. Ex : l'objectif du présent développement est de déterminer les principales conséquences du harcèlement moral.

Une phrase chapeau permet de passer d'une partie à une autre, d'une sous-partie à une autre, d'un paragraphe à un autre. Ex : après avoir détaillé les missions d'un élu au sein d'une collectivité territoriale, il s'agit à présent de donner un éclairage pertinent sur les modalités de sa rémunération.

D'une certaine manière, il n'est pas forcément obligatoire de faire des phrases de transition, surtout quand on manque de vocabulaire. Il est fort utile en revanche de penser à proposer à chaque début de paragraphe une phrase chapeau.

- Combien de lignes en moyens pour un paragraphe?

Huit-quinze lignes peuvent être utiles pour réaliser un paragraphe. Il faut absolument éviter d'aller systématiquement à la ligne notamment quand on veut prendre un exemple.

Conclusion

Le projet de rédaction de ce manuel est né d'un besoin de plus en plus exprimé notamment par mes stagiaires des différents concours et examens officiels de se doter d'une véritable méthode pour réussir leur note ou rapport avec solutions opérationnelles. De façon presque unanime, ils reconnaissent qu'il existe sur le marché de bons livres de méthodologie, des annales intéressantes qui apportent des corrigés pertinents aux épreuves mais le problème lancinant est que ces différents supports expliquent généralement peu ou prou comment faire pour y arriver. C'est fort de ce constat majeur que j'ai réfléchi à la rédaction de ce livre qui se veut plus un effort méthodique pour accompagner divers publics à s'en sortir par eux-mêmes, avec leurs propres moyens.

Aussi, pour faire la différente avec l'existant, un effort conséquent a été apporté pour situer la note et le rapport par rapport aux autres écrits administratifs. Le but a été bien évidemment de donner un meilleur éclairage sur les deux épreuves reines qui ne sont ni un résumé, ni une simple synthèse, pour ne prendre que ces deux cas de figures.

La touche originale de l'opuscule est sans nul doute le métaplan qui s'avère être un outil adapté pour répondre à n'importe quelle commande. Plus question désormais pour ceux qui vont acquérir ce livre de se retrouver pris au dépourvu quand il s'agira de planifier une note ou un rapport, d'étoffer son vocabulaire, en l'occurrence dans la dynamique de la rédaction administrative. Mieux, j'essaye de donner le maximum de conseils possibles pour éviter de tomber dans de nombreux pièges pouvant conduire à une élimination directe.

Toute œuvre humaine étant imparfaite, je reste conscient des limites des différentes réflexions que j'apporte et qui peuvent faire l'objet de critiques légitimes. Il s'agit simplement pour moi de partager mes différentes expériences qui concernent à la fois le monde universitaire, de la formation, de la recherche, voire de l'entreprise.

Je souhaite vivement que ce manuel puisse aider à combler les attentes fortes des divers publics car la note de synthèse et le rapport avec solutions opérationnelles demeurent de véritables casse-têtes au regard de leurs particularités et exigences notoires.

TABLES DES MATIÈRES

Introduction..7

Les principaux types d'écrits professionnels..................9

La note de service...9

Le procès-verbal..9

Le compte rendu...10

Le courriel...10

Le résumé...11

La synthèse...12

La note administrative...12

L'environnement général qui sous-tend la rédaction d'une note ou d'un rapport avec solutions opérationnelles.........13

L'importance de la note de cadrage 13

Mieux appréhender les exigences d'une note de synthèse...13

Les 6 grands principes de la note ou du rapport avec solutions opérationnelles..15

Le repérage des informations du dossier 16

La sélection des informations repérées...........................16

Le travail de reformulation des informations retenues.......17

La recherche des synonymes 17

La reformulation inverse...18

Le recours au champ lexical...18

Le recours aux figures de style ou aux images...............19

La recherche des mots de la même famille....................19

Le recours aux pronoms..20

Le remplacement du passif par l'actif et réciproquement...20

L'indexation sémantique......................................20

La hiérarchisation des informations lors de la rédaction finale...21

L'effort soutenu de valorisation des informations validées..21

L'impératif de donner une orientation claire et précise aux informations moissonnées..................................24

Le rapport avec solutions opérationnelles ou conduite de projet : les points essentiels à retenir...........................29

Trois principaux types de conduite de projet..............30

La démarche projet classique ou institutionnelle..............30

La démarche projet thématique ou transversale...............39

La démarche projet de service....................................42

Maîtriser le timing de la rédaction de la note ou du rapport avec solutions opérationnelles..........................48

La vérification de tous les éléments du dossier...............48

La lecture des documents, le repérage des informations essentielles et la prise de notes....................................48

Les principales méthodes de prise de note.................50

Le surlignage ou soulignage sur dossier.......................51

La fiche de lecture 52

Une méthode originale et éprouvée : l'annotation qualifiante……………..……………………………………..52

La rédaction finale de la note de synthèse ou du rapport avec solutions opérationnelles……………………………59

Le timbre…………………………………………………….60

Les trois principaux axes de l'introduction……………..….62

Le contexte…………………………………………….…..62

La problématique…………………………………...….…64

Le plan à suivre…………………………………….…..….65

Le développement…………………………..…………..….66

La conclusion……………………………………..……….67

Présentation sommaire de la méthode de Lasswell dans le cadre de la problématisation et de la planification efficiente d'une note ou d'un rapport avec solutions opérationnelles………………………………………………71

La hiérarchie des normes…………………………………73

Les principaux types de plan à mobiliser dans le cadre d'une note de synthèse ou d'un rapport avec solutions opérationnelles…………………………………………………76

Le plan inventaire……………………………………………76

Le plan diagnostic……………………..……………………78

Le plan à résolution de problèmes………………………..81

Le plan modulaire……………………………………………84

Le plan juridique explicite……………………………………90

Le plan juridique implicite……………………….………….93

Les ultimes éléments formels déterminants pour rendre la rédaction d'une note ou d'un rapport plus efficiente..95

Les titres et sous-titres qualifiants..............................95

Le recours aux caractérisants......................................96

L'adjectif qualificatif...96

Le complément de nom...96

Le recours aux deux-points..96

Le recours à une forme conjuguée...............................96

Le recours aux adverbes...97

Le recours aux verbes infinitifs.....................................97

Les connecteurs logiques...99

Maintenir un niveau de vigilance accru sur d'autres petits détails qui peuvent s'avérer décisifs dans l'appréciation finale...102

La gestion du brouillon..102

L'utilisation des sigles...103

La maîtrise orthographique et grammaticale...............103

Les erreurs récurrentes à éviter...................................104

Présentation d'une nouvelle méthode pour mieux réussir la note de synthèse ou le rapport avec solutions opérationnelles : le méta plan...108

Esquisse définitionnelle...108

Les leviers clés du métaplan..108

Les institutions……………………..……………………109

Les organisations………………………..…………..……109

Les acteurs………………………………………………109

Les ressources……………………………………………110

L'articulation opérationnelle entre la méthode de Lasswell et le métaplan………………………………………..…………113

Foire aux questions……………………………………..140

Conclusion……… ..……..……………………..……148

Tables des matières………………………..……………150

Structures éditoriales du groupe L'Harmattan

L'Harmattan Italie
Via degli Artisti, 15
10124 Torino
harmattan.italia@gmail.com

L'Harmattan Hongrie
Kossuth l. u. 14-16.
1053 Budapest
harmattan@harmattan.hu

L'Harmattan Sénégal
10 VDN en face Mermoz
BP 45034 Dakar-Fann
senharmattan@gmail.com

L'Harmattan Cameroun
TSINGA/FECAFOOT
BP 11486 Yaoundé
inkoukam@gmail.com

L'Harmattan Burkina Faso
Achille Somé – tengnule@hotmail.fr

L'Harmattan Guinée
Almamya, rue KA 028 OKB Agency
BP 3470 Conakry
harmattanguinee@yahoo.fr

L'Harmattan RDC
185, avenue Nyangwe
Commune de Lingwala – Kinshasa
matangilamusadila@yahoo.fr

L'Harmattan Congo
67, boulevard Denis-Sassou-N'Guesso
BP 2874 Brazzaville
harmattan.congo@yahoo.fr

L'Harmattan Mali
ACI 2000 - Immeuble Mgr Jean Marie Cisse
Bureau 10
BP 145 Bamako-Mali
mali@harmattan.fr

L'Harmattan Togo
Djidjole – Lomé
Maison Amela
face EPP BATOME
ddamela@aol.com

L'Harmattan Côte d'Ivoire
Résidence Karl – Cité des Arts
Abidjan-Cocody
03 BP 1588 Abidjan
espace_harmattan.ci@hotmail.fr

Nos librairies en France

Librairie internationale
16, rue des Écoles
75005 Paris
librairie.internationale@harmattan.fr
01 40 46 79 11
www.librairieharmattan.com

Librairie des savoirs
21, rue des Écoles
75005 Paris
librairie.sh@harmattan.fr
01 46 34 13 71
www.librairieharmattansh.com

Librairie Le Lucernaire
53, rue Notre-Dame-des-Champs
75006 Paris
librairie@lucernaire.fr
01 42 22 67 13

www.ingramcontent.com/pod-product-compliance
Lightning Source LLC
LaVergne TN
LVHW021948220826
846091LV00015B/4129